WILLIAM SHAKESPEARE
(1564-1616)

WILLIAM SHAKESPEARE nasceu e morreu em Stratford, Inglaterra. Poeta e dramaturgo, é considerado um dos mais importantes autores de todos os tempos. Filho de um rico comerciante, desde cedo Shakespeare escrevia poemas. Mais tarde associou-se ao Globe Theatre, onde conheceu a plenitude da glória e do sucesso financeiro. Depois de alcançar o triunfo e a fama, retirou-se para uma luxuosa propriedade em sua cidade natal, onde morreu. Deixou um acervo impressionante, do qual destacam-se clássicos como *Romeu e Julieta, Hamlet, A megera domada, O rei Lear, Macbeth, Otelo, Sonho de uma noite de verão, A tempestade, Ricardo III, Júlio César, Muito barulho por nada,* etc.

Livros do autor publicados pela **L&PM** EDITORES:

As alegres matronas de Windsor – Trad. de Millôr Fernandes
Antônio & Cleópatra – Trad. de Beatriz Viégas-Faria
Bem está o que bem acaba – Trad. de Beatriz Viégas-Faria
A comédia dos erros – Trad. de Beatriz Viégas-Faria
Como gostais / Conto de inverno – Trad. de Beatriz Viégas-Faria
Hamlet – Trad. de Millôr Fernandes
Henrique V – Trad. de Beatriz Viégas-Faria
Júlio César – Trad. de Beatriz Viégas-Faria
Macbeth – Trad. de Beatriz Viégas-Faria
Medida por medida – Trad. de Beatriz Viégas-Faria
A megera domada – Trad. de Millôr Fernandes
O mercador de Veneza – Trad. de Beatriz Viégas-Faria
Muito barulho por nada – Trad. de Beatriz Viégas-Faria
Noite de Reis – Trad. de Beatriz Viégas-Faria
Otelo – Trad. de Beatriz Viégas-Faria
O rei Lear – Trad. de Millôr Fernandes
Ricardo III – Trad. de Beatriz Viégas-Faria
Romeu e Julieta – Trad. de Beatriz Viégas-Faria
Sonetos – Trad. de Jorge Wanderley (Edição bilíngue)
Sonho de uma noite de verão – Trad. de Beatriz Viégas-Faria
A tempestade – Trad. de Beatriz Viégas-Faria
Tito Andrônico – Trad. de Beatriz Viégas-Faria
Trabalhos de amor perdidos – Trad. de Beatriz Viégas-Faria

Leia também:

Guia Cambridge de Shakespeare – Emma Smith
Hamlet (MANGÁ)
Shakespeare – Claude Mourthé (Série Biografias)
Shakespeare – Obras escolhidas
Shakespeare – Série Ouro
Shakespeare de A a Z (Livro das citações) – Org. de Sergio Faraco
Shakespeare traduzido por Millôr Fernandes

WILLIAM SHAKESPEARE

RICARDO III

Tradução, prefácio e notas de
BEATRIZ VIÉGAS-FARIA

www.lpm.com.br

Coleção **L&PM** POCKET, vol. 587

Texto de acordo com a nova ortografia.

Título do original em língua inglesa: *The Tragedy of King Richard the Third*
Edição consultada: *King Richard III*, edited by Antony Hammond. (The Arden Shakespeare. London: Methuen, 1981)

Primeira edição na Coleção **L&PM** POCKET: março de 2007
Esta reimpressão: março de 2020

Capa: Ivan Pinheiro Machado sobre pintura anônima, sem data. © Rue des Archives
Tradução: Beatriz Viégas-Faria
Revisão: Bianca Pasqualini e Larissa Roso

S527r

Shakespeare, William, 1564-1616.
   Ricardo III / William Shakespeare; tradução de Beatriz Viegas Faria. – Porto Alegre: L&PM, 2020.
   192 p. ; 18 cm. – (Coleção L&PM POCKET; v. 587)

   ISBN 978-85-254-1584-4

   1.Literatura inglesa-Teatro-Peças Históricas. 2. Ficção inglesa--Teatro-Shakespeare. I.Título.II.Série.

                          CDD 822.33X5-6
                          CDU 821.111-24

Catalogação elaborada por Izabel A. Merlo, CRB 10/329

© L&PM Editores, 2007
© Para utilização teatral desta tradução, dirigir-se a beatrizv@terra.com.br.

Todos os direitos desta edição reservados a L&PM Editores
Rua Comendador Coruja, 314, loja 9 – Floresta – 90.220-180
Porto Alegre – RS – Brasil / Fone: 51.3225.5777

Pedidos & Depto. Comercial: vendas@lpm.com.br
Fale conosco: info@lpm.com.br
www.lpm.com.br

Impresso no Brasil
Verão de 2020

VIDA E OBRA

WILLIAM SHAKESPEARE nasceu em Stratford-upon-Avon, Inglaterra, em 23 de abril de 1564, filho de John Shakespeare e Mary Arden. John Shakespeare era um rico comerciante, além de ter ocupado vários cargos da administração da cidade. Mary Arden era oriunda de uma próspera família. Pouco se sabe da infância e da juventude de Shakespeare, mas imagina-se que tenha frequentado a escola primária King Edward VI, onde teria aprendido latim e literatura. Em dezembro de 1582, Shakespeare casou-se com Anne Hathaway, filha de um fazendeiro das redondezas. Tiveram três filhos.

A partir de 1592, os dados biográficos são mais abundantes. Em março, estreou no Rose Theatre de Londres uma peça chamada *Harry the Sixth*, de muito sucesso, que foi provavelmente a primeira parte de *Henrique VI*. Em 1593, Shakespeare publicou seu poema *Vênus e Adônis* e, no ano seguinte, o poema *O estupro de Lucrécia*. Acredita-se que, nessa época, Shakespeare já era um dramaturgo (e um ator, já que os dramaturgos na sua maior parte também participavam da encenação de suas peças) de sucesso. Em 1594, após um período de poucas montagens em Londres, devido à peste, Shakespeare juntou-se à trupe de Lord Chamberlain. Os dois mais célebres dramaturgos do período, Christopher Marlowe (1564-1593) e Thomas Kyd (1558-1594), respectivamente autores de *O judeu de Malta* e *Tragédia espanhola*, morreram por esta época, e Shakespeare encontrava-se pela primeira vez sem rival.

Os teatros de madeira elizabetanos eram construções simples, a céu aberto, com um palco que se projetava à frente, em volta do qual se punha a plateia, de pé. Ao fundo, havia duas portas, pelas quais atores entravam e saíam. Acima, uma sacada, que era usada quando tornava-se necessário mostrar uma cena que se passasse em uma ambientação secundária. Não havia cenário, o que abria toda uma gama de versáteis possibilidades, já que, sem cortina, a peça começava quando entrava o primeiro ator e terminava à saída do último, e simples objetos e peças de vestuário desempenhavam importantes funções para localizar a história. As ações se passavam muito rápido. Devido à proximidade com o público, trejeitos e expressões dos atores (todos homens) podiam ser facilmente apreciados. As companhias teatrais eram formadas por dez a quinze membros e funcionavam como cooperativas: todos recebiam participações nos lucros. Escrevia-se, portanto, tendo em mente cada integrante da companhia.

Em 1594, Shakespeare já havia escrito as três partes de *Henrique VI, Ricardo III, Tito Andrônico, Dois cavalheiros de Verona, Trabalhos de amor perdidos, A comédia dos erros* e *A megera domada*. Em 1596, morreu o único filho homem de Shakespeare, Hamnet. Logo em seguida, ele escreveu a primeira das suas peças mais famosas, *Romeu e Julieta*, à qual seguiram-se *Sonho de uma noite de verão, Ricardo II* e *O mercador de Veneza*. *Henrique IV*, na qual aparece Falstaff, seu mais famoso personagem cômico, foi escrita entre 1597-1598. No Natal de 1598, a companhia construiu uma nova casa de espetáculos na margem sul do Tâmisa. Os custos foram divididos pelos diretores da companhia, entre os quais Shakespeare, que provavelmente já tinha alguma fortuna. Nascia o Globe Theatre.

Também é de 1598 o reconhecimento de Shakespeare como o mais importante dramaturgo de língua inglesa: suas peças, além de atraírem milhares de espectadores para os teatros de madeira, eram impressas e vendidas sob a forma de livro – às vezes até mesmo pirateados. Seguiram-se *Henrique V, Como gostais, Júlio César* – a primeira das suas tragédias da maturidade –, *Troilo e Créssida, As alegres matronas de Windsor, Hamlet* e *Noite de Reis*. Shakespeare escreveu a maior parte dos papéis principais de suas tragédias para Richard Burbage, sócio e ator, que primeiro se destacou com *Ricardo III*.

Em março de 1603, morreu a rainha Elizabeth. A companhia havia encenado diversas peças para ela, mas seu sucessor, o rei James, contratou-a em caráter permanente, e ela tornou-se conhecida como King's Men – Homens do Rei. Eles encenaram diversas vezes na corte e prosperaram financeiramente. Seguiram-se *Bem está o que bem acaba* e *Medida por medida* – suas comédias mais sombrias –, *Otelo, Macbeth, Rei Lear, Antônio e Cleópatra* e *Coriolano*. A partir de 1601, Shakespeare escreveu menos. Em 1608, a King's Men comprou uma segunda casa de espetáculos, um teatro privado em Blackfriars. Nesses teatros privados, as peças eram encenadas em ambientes fechados, o ingresso custava mais do que nas casas públicas de espetáculos, e o público, consequentemente, era mais seleto. Parece ter sido nessa época que Shakespeare aposentou-se dos palcos: seu nome não aparece nas listas de atores a partir de 1607. Voltou a viver em Stratford, onde era considerado um dos mais ilustres cidadãos. Escreveu então quatro tragicomédias, subgênero que começava a ganhar espaço: *Péricles, Cimbelino, Conto de inverno* e *A tempestade*, sendo que esta última foi encenada na corte em 1611. Shakespeare morreu em Stratford em 23 de abril de 1616. Foi enterrado na parte da igreja reservada ao clero. Escreveu ao todo 38 peças, 154 sonetos e uma variedade de outros poemas. Suas peças destacam-se pela grandeza poética da linguagem, pela profundidade filosófica e pela complexa caracterização dos personagens. É considerado unanimemente um dos mais importantes autores de todos os tempos.

SUMÁRIO

Árvore genealógica – Dinastia Plantageneta (1154-1485) / 10

Prefácio – Beatriz Viégas-Faria / 13

Ricardo III / 21
    Personagens / 22
    Primeiro Ato / 25
    Segundo Ato / 72
    Terceiro Ato / 91
    Quarto Ato / 128
    Quinto Ato / 167

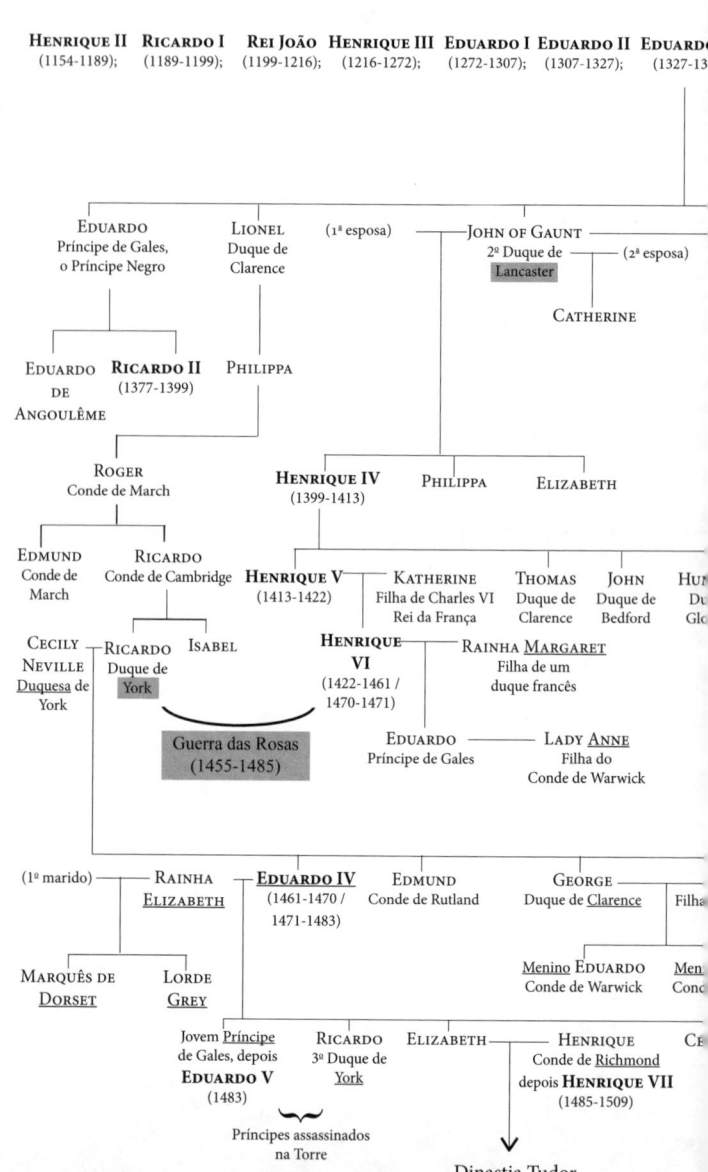

DINASTIA PLANTAGENETA (1154-1485)

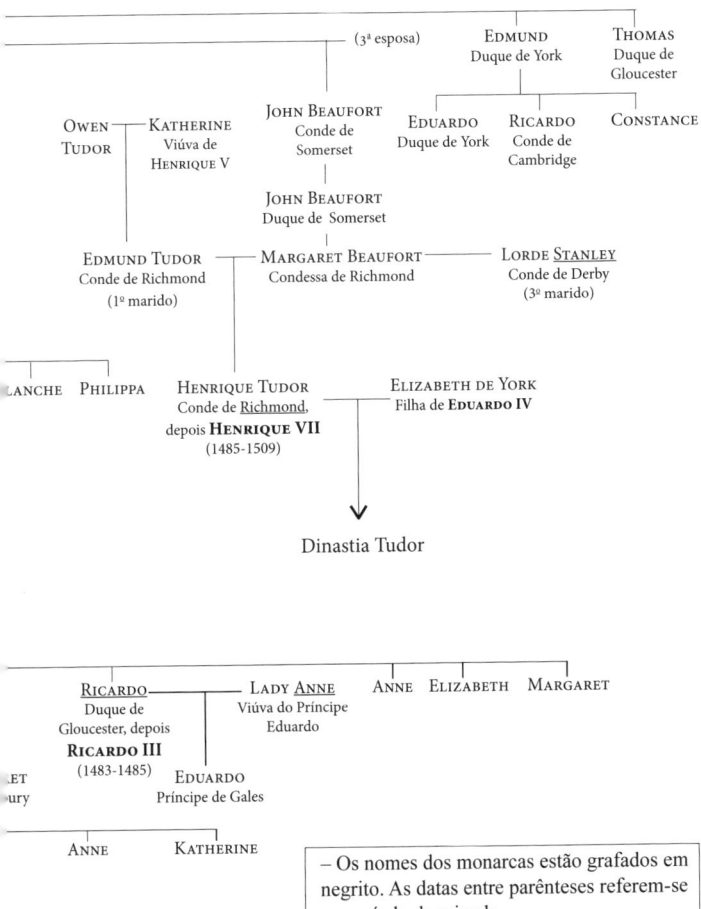

PREFÁCIO

Convém lembrar ao leitor que *Ricardo III* é uma das peças históricas de William Shakespeare e narra um pedaço da história da Inglaterra: está em pleno vigor a Guerra das Rosas (1455-1485), que coloca em conflito político e armado os dois ramos da dinastia Plantageneta: a Casa Real de York e a Casa Real de Lancaster. Os yorkistas e os lancastrianos formavam duas linhagens igualmente descendentes de Eduardo III. A dinastia Plantageneta governou a Inglaterra por 331 anos (de 1154 a 1485), fazendo quatorze reis. Seu símbolo era um ramo de giesta (*planta genista*), sendo que os lancastrianos chegaram ao poder em 1399, com a coroação de Henrique IV, neto de Eduardo III, que usurpou o trono de Ricardo II (também neto de Eduardo III).

Contudo, as crises de insanidade mental de Henrique VI levaram Ricardo, Duque de York, a governar de fato, e em 1455 houve a primeira batalha entre yorkistas e lancastrianos pela coroa inglesa, com vitória dos yorkistas. Em 1461, é coroado rei Eduardo IV, filho do Duque de York. Em 1470, a esposa de Henrique VI, rainha Margaret, uma francesa e líder militar importante na Guerra das Rosas, coloca o marido de volta no trono da Inglaterra, dessa vez com a ajuda dos franceses. Eduardo IV recupera o trono em 1471, ao derrotar Margaret na batalha de Tewkesbury. Com a morte (por causas naturais) de Eduardo IV, seu filho Eduardo V nem chega a ser coroado rei oficialmente, pois seu tio Ricardo, Duque de Gloucester, igualmente da Casa de York, usurpa-lhe o trono e é coroado com o título de Ricardo III.

Com isso, yorkistas juntam-se a lancastrianos, apoiando Henrique Tudor na batalha de Bosworth contra Ricardo III, em 1485, e colocando um fim à Guerra das Rosas. Henrique Tudor (depois Henrique VII), um lancastriano, casa-se com Elizabeth de York em 1486 e, colocando um fim à dinastia Plantageneta, inaugura a dinastia Tudor no governo da Inglaterra.

É interessante observar que Henrique Tudor reivindica o trono por ser filho de uma bisneta do primeiro Duque de Lancaster. Curiosamente, o pai de Henrique VII, Edmund Tudor, era filho do segundo casamento da viúva de Henrique V; ou seja, Edmund Tudor era meio-irmão de Henrique VI por parte de mãe, o que tornava Henrique Tudor sobrinho de Henrique VI.

A leitura da peça oferece uma visão rica dos bastidores políticos (por extensão, de todos os tempos e de todas as culturas) naquilo que esses bastidores têm de mais corriqueiro: as alianças que se fazem e desfazem conforme os interesses mais prementes; as promessas e traições políticas; o ser político como um ator que se vale de objetos de cena e de personagens coadjuvantes para cativar o seu público; tudo isso e muito mais está em *Ricardo III*. Esse que foi rei da Inglaterra de 1483 a 1485 de fato armou complôs e tramou a morte de vários de seus desafetos.

No entanto, há que se atentar para o fato de que, ao romancear ascensão e queda de Ricardo III para o palco, Shakespeare retratou Ricardo, Duque de Gloucester, exagerando-lhe as características físicas de feiura e sua maldade pessoal. Na verdade, sabe-se que Ricardo agiu de acordo com os costumes políticos da época – decapitam-se os inimigos que podem vir a trazer dores de cabeça na arena política e, para garantir a coroa para si, matam-se os herdeiros à sua frente na linha sucessória. Mostra-se uma época em que os casamentos entre a realeza representam acordos vantajosos em termos políticos e sucessórios. Mostra-se também uma época em que é costume cuspir no rosto do interlocutor quando se quer ofendê-lo.

As intrigas políticas e palacianas ocorrem em vários níveis: entre os lancastrianos (rei Henrique VI e sua rainha, Margaret) e os yorkistas (rei Eduardo IV e seus irmãos); depois da morte de Eduardo IV, entre os defensores dos jovens príncipes, herdeiros naturais de Eduardo IV, e Ricardo e seus aliados; entre Ricardo e a rainha Elizabeth, viúva de Eduardo IV, apoiada por seu irmão e pelos filhos de seu primeiro casamento; entre Ricardo III e o Conde de Richmond (futuro Henrique VII), que lhe declara guerra, proclamando seu direito à coroa da Inglaterra.

Finalmente, espera-se que o leitor possa usufruir, ainda que de modo indireto, em língua portuguesa do Brasil, no início do século XXI, dos diálogos que William Shakespeare escreveu no fim do século XVI e que ainda chegam a nós em toda a sua força, tão carregados de maldades e ressentimentos e ódios à flor da pele e espertezas de raciocínios rápidos e maquiavélicos.

Uma observação final: as flutuações nos pronomes de tratamento, que se encontram muitas vezes em uma mesma fala, que vão do "você" para o "tu", do "senhor" para o "você", e vice-versa, e assim por diante, compõem uma característica do texto shakespeariano. Em geral, no texto dramatúrgico, assim como costuma acontecer na conversação humana, quando o "você" (*you*) passa para o "tu" (*thou*), isso pode estar implicando a passagem de uma fala de registro neutro ou cordial ou formal para uma fala de registro mais pessoal e menos formal (o caráter íntimo do discurso amoroso ou o caráter abusivo do discurso ofensivo). Quando essa passagem não ocorre e muda a forma de tratamento que uma personagem vem dando ao seu interlocutor, estamos diante de uma idiossincrasia do texto shakespeariano. Quando, em outras épocas, as edições procuravam sanar o texto dessas incoerências, hoje procura-se preservar as inconstâncias conforme encontradas pelos pesquisadores da história dos textos de Shakespeare nos seus manuscritos.

Espera-se que a lista de personagens a seguir, descritiva, juntamente com a árvore genealógica da sucessão de reis Plantageneta, facilite o entendimento do enredo da peça, ao apresentar os nomes históricos em grupos e algumas datas, pois são verdadeiramente dezenas de personagens, muitos dos quais têm o mesmo nome (por exemplo: Eduardo, Príncipe de Gales, filho de Henrique VI, e Eduardo, Príncipe de Gales, filho de Eduardo IV; a rainha Elizabeth e sua filha, a princesa Elizabeth; o Duque de York e seu neto, o Duque de York, sendo que os dois se chamavam Ricardo, além de Ricardo propriamente dito, Duque de Gloucester, filho de um e tio do outro).

Na lista abaixo, os números 1, 2 e 3 marcam, respectivamente, três gerações dos dois ramos da família real inglesa envolvidos na Guerra das Rosas (1455-1485):

Casa de Lancaster (símbolo: rosa vermelha), descendentes de Eduardo III

(1) Henrique VI – rei de 1422 a 1461 e de 1470 a 1471, quando foi assassinado a mando de Ricardo).

    A <u>viúva</u>, **rainha Margaret** – que mandara matar Rutland, irmão de Eduardo IV, Clarence e Ricardo.
(2) Seu único filho, Eduardo, Príncipe de Gales – assassinado ainda jovem por Eduardo IV, Clarence e Ricardo, na batalha de Tewkesbury.

    A <u>viúva</u>, **Lady Anne.**
(3) Henrique Tudor, Conde de **Richmond**, depois Henrique VII (de 1485 a 1509) – descendente indireto de Eduardo III por parte de mãe (Plantageneta da Casa de Lancaster); seu pai foi um Tudor, e Henrique VII foi o primeiro rei da dinastia Tudor. Casando-se com a Princesa Elizabeth, filha de Eduardo IV, da Casa de York, pôs fim à Guerra das Rosas, unificando os dois ramos da dinastia Plantageneta.

<u>**Casa de York**</u> (símbolo: rosa branca), também descendentes de Eduardo III
(1) Duque de York – governou de fato durante o reinado de Henrique VI, que sofria de doença mental intermitente.

    A <u>viúva</u>, **Duquesa de York** – mãe de Eduardo IV, Clarence e Ricardo.
(2) **Eduardo IV** – rei de 1461 a 1470 e de 1471 a 1483 (morte por doença súbita).

    A esposa, depois <u>viúva</u>, **rainha Elizabeth** – cunhada de Ricardo; irmã de Lorde Rivers; mãe dos jovens príncipes Eduardo e York e da princesa Elizabeth de York.
(2) Edmund, Conde de Rutland – assassinado ainda jovem, a mando da rainha Margaret, na batalha de

Wakefield (ela teria embebido um lenço no sangue de Rutland e teria entregado o lenço ao pai do rapaz, o Duque de York).

(2) George, Duque de **Clarence** – irmão de Eduardo IV e de Ricardo, pai de um Menino e uma Menina (casado com uma filha do Conde de Warwick, este aliado da inimiga Casa de Lancaster).

(2) **Ricardo**, Duque de Gloucester – irmão mais novo de Eduardo IV e depois rei Ricardo III (de 1483 a 1485, quando é derrotado por Richmond na batalha de Bosworth).

(2) Anthony Woodville, Conde **Rivers** – irmão da rainha Elizabeth, tio dos jovens príncipes por parte de mãe.

(3) Marquês de **Dorset** e Lorde **Grey** – filhos do primeiro casamento da rainha Elizabeth.

(3) O jovem **Príncipe** de Gales (depois, por brevíssimo tempo, Eduardo V) e seu irmão, o jovem príncipe Ricardo, Duque de **York** – ambos filhos de Eduardo IV e da rainha Elizabeth e irmãos da Princesa Elizabeth de York.

(3) **Menino** (Eduardo) e **Menina** (Margaret) Plantageneta – filhos de Clarence.

OUTROS PERSONAGENS:

Aliados de Ricardo:
– Duque de Norfolk
– seu filho, Conde de Surrey
– Lorde Hastings
– seu padre confessor (Sir John)

– Lorde Lovell
– Sir Richard Ratcliffe
– Sir William Catesby
– Pajem
– Lorde Stanley, Conde de Derby (padrasto de Richmond)
– Duque de Buckingham

Aliados de Richmond (depois, Henrique VII):
– Conde de Oxford
– Sir William Brandon
– Sir James Blunt
– Sir Walter Herbert
– Padre, Sir Christopher Urswick
– depois, também Lorde Stanley, Conde de Derby (padrasto de Richmond)
– depois, também o Duque de Buckingham

Bispos da Corte inglesa:
– Arcebispo de York
– Cardeal Bourchier (Arcebispo de Canterbury)
– Bispo de Ely

Na Torre de Londres:
– Sir Robert Brakenbury (lugar-tenente)
– Guardião (de Clarence)
– Primeiro e Segundo Assassinos (de Clarence)
– James Tyrrel (arranja o assassinato dos jovens Príncipes)

Cidadãos de Londres:
– Xerife
– Anciãos
– Lorde Prefeito
– Hastings, um passavante
– Notário

Os Fantasmas:
– de Clarence (irmão de Ricardo)
– de Lorde Hastings (aliado de Ricardo)
– de Lady Anne (esposa de Ricardo)
– de Lorde Rivers (irmão da rainha Elizabeth, cunhada de Ricardo)
– de Lorde Grey (filho da rainha Elizabeth, cunhada de Ricardo)
– do Duque de Buckingham (aliado de Ricardo, depois aliado de Richmond)
– do jovem príncipe Duque de York (sobrinho de Ricardo)
– do jovem Príncipe Eduardo (sobrinho de Ricardo)
– de Eduardo, Príncipe de Gales, filho de Henrique VI (assassinado por Ricardo)
– de Henrique VI (assassinado a mando de Ricardo)

Beatriz Viégas-Faria

RICARDO III

PERSONAGENS

Ricardo, Duque de Gloucester (depois, **Rei Ricardo III**)

Duque de **Clarence**, irmão de Ricardo (depois, o Fantasma de Clarence)

Sir Robert **Brakenbury**, lugar-tenente da Torre de Londres

Lorde **Hastings**, nobre a serviço do rei no alto cargo de Lorde **Chamberlain** (depois, o Fantasma de Hastings)

Lady **Anne**, viúva de Eduardo, Príncipe de Gales (depois, o Fantasma de Lady Anne)

Tressel	cavalheiros a serviço de Lady Anne
Berkeley	

Um **alabardeiro**

Um **cavalheiro**

Rainha **Elizabeth**, esposa do Rei Eduardo IV

Lorde **Rivers**, irmão da Rainha Elizabeth (depois, o Fantasma de Lorde Rivers)

Lorde **Grey**, filho da Rainha Elizabeth (depois, o Fantasma de Lorde Grey)

Marquês de **Dorset**, filho da Rainha Elizabeth

Duque de **Buckingham** (depois, o Fantasma do Duque de Buckingham)

Stanley, Conde de Derby

Rainha **Margaret**, viúva do Rei Henrique VI

Sir William **Catesby**

Dois **Assassinos**

O **guardião** da Torre de Londres

Rei Eduardo IV

Sir Richard **Ratcliffe**

Duquesa de York, mãe de Ricardo, Eduardo IV e Clarence

Um **menino** ⎫ filhos de Clarence
Uma **menina** ⎭

Três **cidadãos**

Arcebispo de York

Duque de **York**, filho mais novo de Eduardo IV (depois, o Fantasma do Duque de York)

Um **mensageiro**

Príncipe Eduardo, Príncipe de Gales, filho mais velho do Rei Eduardo IV (depois, o Fantasma do Príncipe Eduardo)

Lorde **Cardeal** Bourchier, Arcebispo de Canterbury

O senhor **Lorde Prefeito** de Londres

Um **mensageiro**

Hastings, um passavante

Um **padre**

Sir Thomas **Vaughan**

Bispo de **Ely, John Morton**,

Duque de **Norfolk**

Lorde **Lovell**

Um notário

Dois bispos (**Shaw** e **Penker**)

Um **pajem**

Sir James **Tyrrel**

Quatro **mensageiros**

Christopher Urswick, um padre

O **Xerife** do Condado de Wiltshire

Conde de **Richmond** (depois Rei Henrique VII)

Conde de **Oxford**

Sir James **Blunt**

Sir Walter **Herbert**

Conde de **Surrey**

Sir **William Brandon**

O **fantasma de Eduardo**, Príncipe de Gales, filho de Henrique VI

O **fantasma do Rei Henrique VI**

Um **mensageiro**

Guardas, alabardeiros, cavalheiros, lordes, cidadãos, serviçais, soldados

PRIMEIRO ATO

CENA I

Entra Ricardo, Duque de Gloucester, sozinho.

RICARDO – Temos agora o inverno do nosso descontentamento transformado em verão glorioso por esse astro rei de York[1]; e todas as nuvens que pesaram sobre nossa Casa[2] estão enterradas no fundo do coração do oceano. Temos agora as nossas frontes enfeitadas com a guirlanda dos vitoriosos; nossos contundidos escudos pendurados: monumentos de guerra; nossos duros toques de atacar transformados em jubilosas reuniões; nossas pavorosas marchas, em prazerosa música e deliciosos bailes. O espírito da guerra, de semblante implacável, desanuviou o cenho antes carregado. E agora temos que, em vez de montar corcéis de selvagens crinas para amedrontar as almas de adversários temerosos, com agilidade ele pula para dentro do quarto de uma dama e se entrega às ordens lascivas de um alaúde. Mas eu, que não fui moldado para as proezas dessas brincadeiras, nem fui feito para cortejar espelho de olhar amoroso;

---

1. O Rei Eduardo IV (1442-1483) era da Casa de York, que lutou contra a Casa de Lancaster na Guerra das Rosas (1455-1485), em disputa pelo trono da Inglaterra. Tomou uma imagem do sol como emblema de seu reinado. Eduardo IV é irmão de Ricardo e Clarence. (N.T.)

2. A Casa de York. (N.T.)

eu, que sou de rude estampa e sou aquele a quem falta a grandeza do amor para me pavonear diante de uma ninfa de andadura lúbrica; eu, que fui deserdado de belas proporções, roubado de uma forma exterior por natureza dissimuladora, foi com deformidades, inacabado e antes do tempo que me puseram neste mundo que respira, feito mal e mal pela metade, e esta metade tão imperfeita, informe e tosca que os cachorros começam a latir para mim se me paro ao lado deles. Ora, eu, na calmaria destes fracos tempos de paz, não encontro prazer em ver o tempo passar, a menos que seja para espionar a minha sombra ao sol e discorrer sobre meu próprio corpo deformado. Portanto, uma vez que não posso e não sei agir como um amante, a fim de me ocupar nestes dias de elegância e de eloquência, estou decidido a agir como um canalha e detestar os prazeres fáceis dos dias de hoje. Divisei planos e armei perigosos preparativos, por meio de bêbadas profecias, libelos e sonhos, para colocar meu irmão Clarence e o Rei[3] um contra o outro, em ódio mortal. E, se o Rei Eduardo for leal e justo na mesma proporção em que eu sou sutil, falso e traiçoeiro, hoje mesmo Clarence deverá ser engaiolado e muito bem vigiado, por conta de uma profecia que diz que os herdeiros de Eduardo serão por G[4] assassinados. Mergulhem, pensamentos, para o fundo de minha alma: aí vem Clarence.

Entram Clarence, sob escolta, e Brakenbury.

Meu irmão, bom dia. O que significa essa escolta armada que acompanha Sua Graça?

---

3. Rei Eduardo IV, irmão mais velho de Clarence e Ricardo. (N.T.)

4. O primeiro nome do Duque de Clarence é George. Entretanto, Ricardo é o Duque de Gloucester. (N.T.)

CLARENCE – Sua Majestade o Rei, preocupado com minha segurança pessoal, designou estes guardas para me levarem até a Torre[5].

RICARDO – Sob que pretexto?

CLARENCE – Porque meu nome é George.

RICARDO – Ai, ai, ai, meu senhor, que isso não é culpa sua. Ele deveria, por causa disso, trancafiar os seus padrinhos de batismo. Quer me parecer que Sua Majestade o Rei pretende que você seja rebatizado na Torre. Mas, qual é o problema, Clarence? Posso saber?

CLARENCE – Sim, Ricardo, quando eu souber, pois eu lhe garanto que até agora não faço ideia. Pelo que pude saber, ele presta atenção a profecias e sonhos, e do alfabeto arranca a letra G e diz que um sábio lhe contou que sua prole será deserdada por G. Uma vez que o meu nome, George, começa com G, segue-se, nas ideias dele, que eu sou o tal. Isso, segundo me disseram, e ninharias desse tipo são o que levaram Sua Alteza a trancafiar-me agora.

RICARDO – Ora, mas é no que dá, quando homens se deixam governar por mulheres. Não é o Rei quem está lhe mandando para a Torre. Lady Grey,[6] a esposa,

---

5. A Torre de Londres, onde eram mantidos prisioneiros e executados os traidores do rei, fosse por questões nacionais ou por questões pessoais. (N.T.)

6. A Rainha Elizabeth (sobrenome de solteira Woodville) era a viúva de Sir John Grey (morto em batalha em 1461) quando se casou com o rei Eduardo IV em 1464. O casamento foi realizado em segredo, porque o poderoso Conde de Warwick já havia arranjado um casamento para o rei com uma princesa francesa. Ricardo enfatiza seu menosprezo pela rainha sua cunhada, ao chamá-la de Lady Grey. (N.T.)

Clarence, é ela quem o molda até tão extremo ponto. Não foi ela, mais aquele bom homem, muito honrado, Anthony Woodeville,[7] o irmão dela, que fizeram o nosso Rei mandar Lorde Hastings para a Torre, de onde no dia mesmo de hoje ele foi solto? Nós não estamos a salvo, Clarence, não estamos a salvo!

CLARENCE – Por Deus, eu acho que nenhum homem está em segurança, exceto os parentes da Rainha e os arautos que varam a noite batendo perna entre o Rei e Madame Shore. Não lhe contaram que humilde peticionário Lorde Hastings provou ser, em prol de sua libertação, para ela?

RICARDO – Com muita humildade, lamentando-se à sua divindade, foi assim que o Lorde Chamberlain conseguiu sua liberdade. Vou lhe dizer o que penso: acho que, se queremos nos manter nas boas graças do Rei, o jeito é sermos serviçais a Madame Shore, usar a libré de sua casa.[8] Ela, e também a viúva ciumenta e gasta, já que o nosso irmão elevou-as a damas da corte, são tagarelas poderosas na nossa monarquia.

BRAKENBURY – Rogo a Suas Graças que me perdoem, mas Sua Majestade foi muito rígido em suas ordens: ninguém pode engajar-se em conversa particular... homem algum, do grau que for... com seu irmão.

---

7. Lorde Rivers. (N.T.)

8. Elizabeth Lambert (nome de solteira), divorciada de William Shore e casada com Thomas Lynom, levou uma vida escandalosa; não era da nobreza e não tinha criadagem. Era amante do rei Eduardo IV. Ricardo está sendo maldoso ao referir uma libré inexistente, enfatizando o gosto de seu irmão, Eduardo IV, por mulheres de classe social inferior. (N.T.)

Ricardo – Muito bem. Se lhe agrada, Brakenbury, você pode compartilhar de tudo o que conversamos. Não há traição em nossas palavras, homem. Estamos comentando como o Rei é sábio e cheio de virtudes, e sua nobre Rainha, conforme a idade vai avançando, continua formosa e não é ciumenta. Também comentamos que a mulher do Shore tem belos pés, lábios como uma cereja, olhos encantadores, uma fala agradável e breve, e que os parentes da Rainha são cavalheiros natos. O que me diz disso, sir? Tem como negar tudo isso?

Brakenbury – Nada disso, milorde, é da minha conta.

Ricardo – Não tem conta com Madame Shore? Pois eu lhe digo, meu caro, que, quem tem conta com ela (fora um único homem), melhor seria manter essa conta secreta e fazer tudo sozinho.

Brakenbury – Quem é esse único homem, milorde?

Ricardo – O marido dela, seu pilantra! Você me trairia?

Brakenbury – Peço à Sua Graça que me perdoe e, ademais, abstenha-se de confabular com o nobre Duque.

Clarence – Conhecemos as suas ordens, Brakenbury, e vamos respeitá-las.

Ricardo – Nós somos os súditos ábditos, longínquos da Rainha, e devemos obedecer. Irmão, adeus. Vou falar com o Rei e, o que você quiser que eu faça por você... mesmo que seja chamar de cunhada essa viúva do Rei Eduardo... eu o farei, se for para conseguir a sua libertação. Neste meio-tempo, esta profunda desgraça entre irmãos toca-me a mim mais fundo que você possa imaginar.

[Chorando, abraça Clarence.]

Clarence – Eu sei que isto não nos agrada nem um pouco.

Ricardo – Bem, o seu encarceramento não será longo. Vou libertá-lo, irmão; do contrário, mentirei por você. Neste meio-tempo, tenha paciência.

Clarence – Preciso por força ter paciência. Adeus.

[Saem Clarence, Brakenbury e a escolta.]

Ricardo – Vá, trilhe o caminho do qual você não retornará jamais. É simples, meu despretensioso Clarence: eu te amo tanto que meu desejo é em breve enviar tua alma para o céu... se os céus quiserem aceitar o presente de nossas mãos. Mas, quem vem aí? Hastings, recém--libertado?

Entra Lorde Hastings.

Hastings – Bom dia para Sua Graça.

Ricardo – Bom dia também para o meu bom Lorde Chamberlain. Seja muito bem-vindo ao ar livre. Como foi que sua senhoria suportou o encarceramento?

Hastings – Com paciência, meu nobre lorde, como precisa ser com os prisioneiros. Mas viverei, milorde, para agradecer àqueles que foram a causa do meu aprisionamento.

Ricardo – Sem dúvida, sem dúvida. E Clarence também, fará o mesmo. Pois aqueles que foram os seus inimigos são os inimigos dele e triunfaram tanto sobre ele quanto sobre você.

Hastings – Uma pena que as águias estejam sendo engaioladas enquanto milhafres e bútios ficam em liberdade para cair sobre suas presas.

Ricardo – Que notícias você tem do exterior?

Hastings – Nenhuma tão ruim quanto estas que temos nós aqui. O Rei está doente, fraco e melancólico, e seus médicos temem por sua vida.

Ricardo – Mas, ora, por São João, as notícias são mesmo péssimas. Ah, ele vem mantendo uma dieta perniciosa faz tempo, e tem exigido de sua real pessoa em excesso; é lamentável até mesmo pensar sobre isso. Onde está ele? Acamado?

Hastings – Sim, acamado.

Ricardo – Vá indo você na frente, que eu vou em seguida.

[Sai Hastings.]

Ele não pode sobreviver, espero, mas não deve morrer antes que George seja empacotado e enviado por cavalos de posta para os céus. Vou ter com ele, para apressar ainda mais o seu ódio por Clarence, com mentiras feitas robustas por argumentos de peso, e, se eu não fracassar no meu real intento, Clarence não viverá para ver o dia de amanhã. Isso feito, que Deus tome o Rei Eduardo em seu reino de misericórdia e deixe o mundo para mim, para que eu possa nele me alvoroçar. Então eu caso com a filha mais nova de Warwick. Que importa que eu tenha lhe matado o marido e o pai dele? A maneira mais expedita de reparar os danos que causei a essa mulher é tornar-me seu marido e seu sogro.[9] O que pretendo fazer, nem tanto por amor, mas por um outro intento meu, guardado em segredo, o qual devo alcançar casando-me

---

9. Lady Anne, filha do Conde de Warwick, é viúva do Príncipe Eduardo, filho único do Rei Henrique VI. (N.T.)

com ela. Mas, por ora, estou colocando o carro à frente dos bois. Clarence ainda respira, Eduardo ainda vive e reina. Quando eles tiverem partido, só então devo somar os meus ganhos.

[Sai.]

CENA II

Entra o corpo de Henrique VI[10] carregado em padiola, com escolta de Alabardeiros, e Lady Anne de luto, atendida por Tressel, Berkeley e outros Cavalheiros.

ANNE – Parem, larguem um pouco a vossa honorável carga (se é que se pode encontrar a honra envolta em mortalha em um cortejo fúnebre) enquanto eu por um momento pranteio, como pessoa devidamente enlutada, a queda prematura dos virtuosos Lancaster.[11] Pobre figura gelada de um santo rei, pálidas cinzas da Casa de Lancaster, sois vós, restos exangues, o que sobrou daquele sangue da realeza. Que seja lícito[12] eu invocar vosso

---

10. Henrique VI era o rei da Inglaterra pela Casa de Lancaster. Foi um rei exilado, duas vezes deposto e duas vezes encarcerado na Torre de Londres, onde foi assassinado por gente da Casa de York em 1471. Lady Anne é sua nora, viúva de seu filho único. (N.T.)

11. O Príncipe Eduardo, sem filhos, foi morto por Eduardo IV, Clarence e Ricardo na batalha de Tewkesbury. Morrendo Henrique VI, não sobra nenhum Lancaster com direito ao trono. Depois de Ricardo III, da Casa de York, o rei da Inglaterra será Henrique VII, da família Tudor, que reivindica o trono por ser descendente (por vias indiretas) de Eduardo III. (N.T.)

12. Depois da Reforma (de 1517 em diante, ou seja, assunto ainda contemporâneo à época de Shakespeare), os protestantes relutavam em invocar os santos católicos. (N.T.)

fantasma para escutar os lamentos da pobre Anne, esposa do vosso Eduardo, esposa do vosso filho assassinado, apunhalado pela mesma mão que causou vossas feridas. Olhai, que nessas janelas por onde se despede a vossa vida despejo o impotente bálsamo de meus pobres olhos. Ah, amaldiçoada seja a mão que furou vossa carne; amaldiçoado o coração que teve a coragem de cometer tal ato; amaldiçoado o sangue que tirou o sangue daqui. Que um destino ainda mais horrendo do que o que eu desejo a cobras, aranhas, sapos e toda e qualquer criatura venenosa ou rastejante caia sobre esse odiado infeliz que nos torna a nós infelizes por vossa morte. Se ele algum dia tiver um filho, que seja um aborto: monstruoso, de nascimento prematuro, cujo aspecto feiíssimo e disforme possa assustar a mãe esperançosa à primeira vista, e que ele seja herdeiro de sua infelicidade. Se ele algum dia tiver uma esposa, que ela se sinta ainda mais sofrida pela morte do marido do que eu com a morte do meu jovem senhor e com a vossa morte. Venham agora, rumem em direção à abadia de Chertsey[13] com a sua santa carga, tomada da Catedral de São Paulo para ser lá enterrada. Mas, sempre que vocês se cansarem de carregar-lhe o peso, descansem, pois, enquanto isso, deitarei lágrimas sobre o corpo do Rei Henrique VI.

Entra Ricardo.

RICARDO – Parados, vocês que carregam o corpo. Podem descansar a sua carga.

ANNE – Que praticante de magia negra conjura esse demônio para que venha interromper atos de devoção e de misericórdia?

---

13. Localidade às margens do Tâmisa, endereço de uma famosa abadia. (N.T.)

Ricardo – Canalhas! Larguem o corpo, ou juro por São Paulo que também vira corpo aquele que me desobedecer!

Alabardeiro – Milorde, recue e deixe o féretro passar.

Ricardo – Cachorro de maus modos, me obedece quando eu der ordens! Ergue a tua alabarda mais alta que o meu peito, ou juro por São Paulo que te ponho no chão a golpes e te chuto daqui a pontapés, miserável, por tua impertinência.

Anne – Mas, como? Vocês estão tremendo? Todos com medo? Ai de mim, eu não os censuro, pois vocês são mortais, e olhos mortais não aguentam encarar o diabo. Xô, fora, tu aí, pavoroso embaixador do inferno! Tens poder apenas sobre o corpo mortal dele; a alma dele, esta tu não podes tê-la; portanto, vai andando, fora, xô!

Ricardo – Minha doce santa, por piedade, não seja maledicente, não pronuncie calúnias, não rogue pragas.

Anne – Demônio sujo, pelo amor de Deus, fora daqui, e não nos atormentes, pois transformaste a terra, este mundo feliz, em teu inferno particular, repleto de gritos lancinantes e berros blasfemos. Se te deleitas em assistir aos teus atos hediondos, contempla este exemplo ilustrativo de tuas carnificinas. Ah, cavalheiros! Vejam, vejam como as feridas do falecido Rei Henrique abrem seus lábios coagulados e sangram novamente.[14] Envergonha-te, envergonha-te, excrescência de deformidade imunda, pois é tua presença que faz vazar este sangue de veias geladas e vazias onde nenhum sangue habita. O teu ato, desumano e anormal, provoca este dilúvio

---

14. Era parte do folclore da época acreditar que, na presença do assassino, as feridas fechadas voltavam a sangrar. (N.T.)

altamente anormal. Ah, meu Deus! Vós, que criastes este sangue, vingai esta morte. Ah, terra! Vós, que ora bebeis deste sangue, vingai esta morte. Ou os céus enviam um raio para liquidar com o assassino, ou a terra abre-se aos pés dele e engole-o bem ligeiro, assim como vós, terra, engolis o sangue deste bom Rei chacinado pelo braço dele, um braço governado pelo inferno.

RICARDO – Lady Anne, você não conhece as regras da caridade, que transforma o mal em bem, as pragas em bênçãos.

ANNE – Canalha, tu não conheces as leis de Deus, nem reconheces as leis dos homens. Nem mesmo a mais selvagem das feras desconhece um mínimo de piedade.

RICARDO – Mas eu desconheço e, portanto, não sou nenhuma fera.

ANNE – Ah, que maravilha quando os diabos falam verdades!

RICARDO – Mais maravilhoso ainda é quando os anjos ficam assim tão irados. Permita-me, perfeição divina em forma de mulher, que eu me defenda, provando em detalhes que não sou culpado destes supostos crimes.

ANNE – Permite-me, infecção contagiosa em forma de homem, que eu acuse tua pessoa amaldiçoada, provando em detalhes que és culpado destes sabidos crimes.

RICARDO – Mulher mais linda do que as palavras podem descrevê-la, me dê uma folga e escute com paciência o meu pedido de desculpas.

ANNE – Homem mais podre do que os corações podem imaginar-te, tu não tens como desculpar-te verdadeiramente, a não ser que te enforques.

Ricardo – De tanta desesperança devo realmente me acusar a mim mesmo.

Anne – E, com a desesperança, estarás te escusando de justiçar os teus atos como eles merecem, tu que assassinaste homens que não mereciam morrer.

Ricardo – Digamos que eu não os matei.

Anne – Então digamos que eles não foram assassinados. Mas estão mortos, e por ti, escravo diabólico.

Ricardo – Não matei o seu marido.

Anne – Ora, mas então ele está vivo.

Ricardo – Não, ele está morto: assassinado pela mão de Eduardo.

Anne – Mentes do fundo de tua garganta fétida. A Rainha Margaret viu o teu punhal assassino fumegando no sangue dele, o mesmo que uma vez empunhaste contra o peito dela e que teus irmãos providencialmente conseguiram desviar do alvo.

Ricardo – Fui provocado pela língua difamatória daquela mulher, que jogou a culpa dos dois nos meus ombros inocentes.

Anne – Foste provocado por tua mente sanguinária, que jamais sonha com outra coisa que não carnificinas. Por acaso não mataste o Rei?

Ricardo – Eu lhe garanto que sim.

Anne – Ele me garante, o porco-bravo![15] Então, que Deus me garanta também que tu possas ser amaldiçoado

---

15. Javali (porco selvagem): era como se referiam pejorativamente a Ricardo, por causa de sua corcunda, mas também porque seu emblema era a imagem de um javali branco. (N.T.)

por teu ato infame. Ah, ele era gentil, meigo, conciliatório, virtuoso.

RICARDO – Tanto melhor para o Senhor do Céu, que agora o tem consigo.

ANNE – Ele está no Céu, onde jamais te será concedida entrada.

RICARDO – Que ele me agradeça por tê-lo ajudado a chegar lá, pois ele combinava mais com o céu do que com a terra.

ANNE – E tu não combinas com lugar algum que não seja o inferno.

RICARDO – Tem mais um lugar, sim, se você quiser me ouvir nomeá-lo.

ANNE – Em masmorra ou calabouço?

RICARDO – Em tua cama.

ANNE – Que a insônia acometa a cama onde te deitares.

RICARDO – E acometerá, milady, até que contigo eu me deite.

ANNE – Que assim seja!

RICARDO – Eu sei que assim será. Mas, minha doce Lady Anne, deixemos de lado este encontro afiado de nossos ágeis raciocínios, e vamos nos deter em um método mais lento: quanto às mortes prematuras desses dois Plantagenetas, Henrique VI e seu filho Eduardo, não é o causador tão culpado quanto o executor?

ANNE – Tu foste a causa e o mais execrado efeito.

RICARDO – Tua beleza foi a causa desse efeito: a beleza que não me dava paz nos meus sonhos, pedindo que eu levasse a cabo a morte de todo mundo, para que eu pudesse viver uma hora que fosse na doçura de teu peito.

ANNE – Se eu acreditasse nisso, eu te digo, homicida, estas minhas unhas encarregavam-se de lacerar essa beleza de minhas faces.

RICARDO – Estes meus olhos não suportariam a destruição dessa beleza. Você não conseguiria danificá-la comigo por perto. Assim como o mundo revigora-se com o sol, revigoro-me eu com a sua beleza; ela é os meus dias, a minha vida.

ANNE – Que o negror da noite escureça os teus dias, e que a morte acabe com tua vida.

RICARDO – Não rogue pragas a você mesma, minha linda criatura; você é um e outro.

ANNE – Gostaria que fosse, para me vingar de ti.

RICARDO – Esta é uma briga muito natural, vingar-se daquele que te ama.

ANNE – É uma briga justa e racional, vingar-me daquele que matou o meu marido.

RICARDO – Aquele que a destitui, milady, de seu marido, o fez para ajudá-la a conseguir melhor marido.

ANNE – Melhor que ele ainda está para nascer.

RICARDO – Já nasceu aquele que te ama mais do que lhe permite a sua capacidade de amar.

ANNE – E qual o nome dele?

RICARDO – Plantageneta.[16]

ANNE – Mas esse era ele.

---

16. Ricardo está dizendo a Lady Anne que, embora seu falecido marido fosse um lancastriano e ele, Ricardo, fosse um yorkista, todos são Plantageneta (sendo que, no seu entender, a Casa de York é de natureza superior à Casa de Lancaster). (N.T.)

Ricardo – O mesmo nome, mas um homem de outra e melhor natureza.

Anne – E onde está esse homem?

Ricardo – Aqui.

[Ela lhe cospe na cara.]

Por que cospes em mim?

Anne – Se minha saliva fosse veneno mortal, pelo teu bem.

Ricardo – Jamais saiu veneno de tão doce lugar.

Anne – Jamais escorreu veneno em tão nojento sapo. Fora da minha vista! Tu infectas os meus olhos.

Ricardo – Os teus olhos, minha doce dama, já infectaram os meus.

Anne – Queria que os meus olhos fossem basiliscos, que matam só de olhar.

Ricardo – Queria que fossem, para que eu pudesse morrer de uma vez, pois agora eles estão me matando de uma morte em vida. Esses teus olhos já arrancaram lágrimas salgadas dos meus, envergonharam seu aspecto com um reservatório de lágrimas infantis. Estes meus olhos, que jamais derramaram uma lágrima sequer de remorso, nem quando meu pai, um York, e meu irmão mais velho, Eduardo, choraram ao ouvir o gemido lamentável que o menino Rutland[17] deixou escapar quando Clifford, de pele escura, puxou da espada contra ele; tampouco quando o teu guerreiro pai, como uma criança, contou a triste história da morte de meu pai e por vinte vezes

---

17. Edmund, Conde de Rutland, filho do Duque de York, irmão de Eduardo, Clarence e Ricardo. (N.T.)

interrompeu-se para soluçar e chorar, de tal modo que todos os que escutavam tinham as faces molhadas como árvores aguadas pela chuva. Naquele momento triste, os meus olhos viris desdenharam uma humilde lágrima. E as lágrimas que esses pesares não conseguiram arrancar de meus olhos, a tua beleza conseguiu, e me cegou de tanto chorar. Nunca supliquei por coisa nenhuma, nem a amigo nem a inimigo; de minha boca nunca se ouviram palavras doces, suaves. Mas, agora, a tua beleza me impõe um preço a pagar, e meu coração orgulhoso suplica e impele meus lábios a falar.

[Ela o encara com desdém.]

Não ensines tal desdém aos teus lábios, pois eles foram feitos para beijar, milady, e não para tal desprezo. Se o teu coração vingativo não consegue perdoar, olha aqui: eu te empresto esta espada afiada e te peço o favor de enterrá-la neste meu peito fiel, deixando partir a alma que te adora e venera. Deixo nu o meu peito para o golpe fatal, e humildemente imploro, de joelhos, pela minha morte.

[Ajoelha-se; exibe o peito nu, e ela faz menção de feri-lo com a espada.]

Não, não pares, pois eu matei o Rei Henrique... mas foi a tua beleza que me levou a tanto. Sim, agora termina comigo. Fui eu quem apunhalou o jovem Eduardo... mas foi o teu rosto angelical que me levou a tal decisão.

[Ela deixa cair a espada.]

Levante a espada de novo, ou então me levante a mim.

ANNE – Põe-te de pé, hipócrita.

[Ele se põe de pé.]

Embora eu deseje a tua morte, não serei dela o executor.

RICARDO – Então me peça para eu me matar, e eu o farei.

ANNE – Já pedi.

RICARDO – Você fez isso quando estava furiosa, tomada pela raiva. Fale de novo, e, enquanto estiver falando, esta minha mão, que pelo teu amor matou o teu amor, irá pelo teu amor matar um amor ainda mais verdadeiro: dessas duas mortes você é cúmplice.

ANNE – Eu queria poder ver dentro do teu coração.

RICARDO – Ele se revela nas minhas palavras.

ANNE – Temo que coração e palavras sejam falsos.

RICARDO – Então nunca nenhum homem foi verdadeiro.

ANNE – Vamos, vamos, guarde a sua espada.

RICARDO – Então me diga que estou consigo reconciliado.

ANNE – Isto tu só vais ficar sabendo mais adiante.

RICARDO – Mas posso ter esperanças?

ANNE – Todos os homens, espero eu, vivem de esperança.

RICARDO – Conceda-me usar este anel.

ANNE – Aceitá-lo não quer dizer que eu esteja cedendo.

RICARDO – Olha como o meu anel abraça o teu dedo; é exatamente assim que o teu peito inclui o meu pobre coração. Usa os dois, pois ambos são teus. E, se este teu pobre e devoto servo pode ainda requisitar um último favor de tua graciosa mão, tu estarás confirmando a felicidade dele para todo o sempre.

ANNE – O que é?

Ricardo – Que você me faça o favor de deixar essa triste incumbência para aquele que tem, mais do que ninguém, razões para prantear essa morte, e recolha-se à Casa de Crosby, onde, depois de enterrar este nobre Rei no Monastério de Chertsey com as devidas solenidades e molhar seu túmulo com minhas lágrimas de arrependimento, irei, o mais rápido possível, encontrar com você. Pelas mais diversas razões desconhecidas, eu suplico, conceda-me essa dádiva.

Anne – De todo o coração; e muito me alegra, também, ver que você se tornou assim penitente. Tressel e Berkeley, venham comigo.

Ricardo – Despeça-se de mim.

Anne – É mais do que você merece. Mas, já que você me ensina como agradá-lo, imagine que já me despedi.

[Saem Tressel e Berkeley com Lady Anne.]

Ricardo – Senhores, peguem o corpo.

Cavalheiros – Para Chertsey, nobre lorde?

Ricardo – Não, para Whitefriars; lá esperam a minha chegada.

[Saem os Cavalheiros e os Alabardeiros com o corpo.]

Será que alguma vez mulher nesse estado de espírito foi cortejada? Será que alguma vez mulher nesse estado de espírito foi conquistada? Eu a terei, mas não a conservarei por muito tempo. Ora, eu, que lhe matei o marido e o sogro, tomá-la de surpresa no mais extremo ódio de seu coração, com pragas na língua, lágrimas nos olhos, ao lado da testemunha ensanguentada de seu ódio mortal, tendo Deus, a própria consciência dela e esses obstáculos contra mim… E eu, sem nenhum amigo para apoiar esta minha tentativa de cortejá-la, mas calcado obviamente no demônio e no meu jeito dissimulado… e ainda assim conquistá-la, o mundo inteiro contra… nada!

Rá!

Será que ela já esqueceu aquele corajoso príncipe, Eduardo, seu amo e senhor, a quem eu, apenas três meses atrás, apunhalei num acesso de fúria em Tewkesbury? Cavalheiro assim tão gentil e tão adorável este vasto mundo não pode se dar ao luxo de ter outro que seja como ele, moldado como um prodígio da Natureza, jovem, valente, sábio e, sem dúvida, realeza! E, mesmo assim, ela escolhe aviltar seus olhos em mim. Logo eu, que ceifei no dourado auge a juventude de seu doce príncipe e a pus viúva em pesarosa cama? Logo eu, cuja totalidade não chega nem aos pés de metade do que foi o Príncipe Eduardo? Logo eu, que puxo de uma perna e sou assim tão deformado? Meu ducado por uns trocados! Vejam só: este tempo todo, e eu não sabia quem eu era! Pela minha alma, ela pensa (embora eu não possa concordar) que sou um homem maravilhoso. Vou ter que gastar dinheiro comprando um espelho e contratando umas duas ou três dúzias de alfaiates para que estudem maneiras de adornar o meu corpo. Já que, de modo inesperado e súbito, posso contar comigo mesmo, quero preservar isso, mesmo que precise pagar um preço. Mas, primeiro, vou levar aquele sujeito ali para o seu túmulo, e depois retorno, enlutado e em prantos, para o meu amor. Brilhai, ó belo sol, até que eu tenha trazido um espelho, pois quero ver a minha sombra ao passar.

[Sai.]

CENA III

Entram a Rainha Elizabeth, Lorde Rivers, Lorde Grey e o Marquês de Dorset.

Rivers – Tenha paciência, senhora. Não há dúvidas de que Sua Majestade vai se recuperar logo, voltando à sua boa saúde.

Grey – Se a senhora não tolera bem a situação, isso só faz piorar o estado dele; portanto, pelo amor de Deus, deixe-se consolar e leve ânimo a Sua Graça, com um olhar ligeiro e contente.

Elizabeth – Mas, se ele morre, o que vai ser de mim?

Grey – Nada de ruim, além da perda de um senhor e amo deste quilate.

Elizabeth – A perda de um senhor e amo deste quilate inclui tudo de ruim.

Grey – Os céus abençoaram-na com um bom filho para confortá-la quando ele se for.

Elizabeth – Ah, ele é muito jovem e, por ser menor de idade, fica sob a tutela de Ricardo Gloucester, um homem que não gosta de mim, nem de vocês.

Rivers – Já é decisão tomada que ele será o Príncipe Regente?

Elizabeth – Foi o que ficou definido, embora ainda não seja questão fechada. Mas, assim será, se o Rei vier a falecer.

Entram Buckingham e Stanley, Conde de Derby.

Grey – Eis que chegam os lordes de Buckingham e Derby.

Buckingham – Um bom dia para Sua Graça Real.

Stanley – Que Deus conserve Sua Majestade sempre venturosa, como tem sido.

Elizabeth – A Condessa de Richmond,[18] meu bom Lorde de Derby, dificilmente dirá amém a suas boas preces; no entanto, Derby, apesar de ela ser sua esposa e não gostar de mim, esteja o senhor, meu bom lorde, certo de que não o detesto pela arrogância altiva de sua mulher.

Stanley – Eu lhe suplico que não acredite nas calúnias invejosas dos falsos acusadores de minha esposa, ou então, se ela for acusada de verdadeiro erro, seja condescendente para com sua fraqueza, que, penso eu, provém de doença inconstante e não de maldade crônica.

Rivers – Viu o Rei hoje, Lorde de Derby?

Stanley – Agora mesmo o Duque de Buckingham e eu estamos chegando de nossa visita a Sua Majestade.

Elizabeth – Quais são as chances de ele se recuperar, meus senhores?

Buckingham – Senhora, há esperanças. Sua Graça está falante e bem animado.

Elizabeth – Que Deus lhe conceda saúde. O senhor esteve em conferência com ele?

Buckingham – Sim, madame. Ele deseja promover a reconciliação entre o Duque de Gloucester e os seus irmãos, senhora. Também entre eles e meu bom Lorde Chamberlain. E mandou-me avisá-los de que os quer em sua real presença.

Elizabeth – Meu desejo era de que todos estivessem bem e em bons termos... mas isso nunca vai acontecer. Temo que a nossa felicidade esteja em seu auge.

---

18. Mãe do Conde de Richmond (depois, Henrique VII). (N.T.)

Entram Ricardo e Hastings.

RICARDO – Estou sendo injustiçado, e isso eu não vou tolerar! Quem foi que se queixou ao Rei que eu sou verdadeiramente implacável e não amo Sua Majestade? Por São Paulo, quem fez isso ama Sua Graça apenas superficialmente, para encher-lhe os ouvidos com tais rumores sediciosos. Só porque não sei bajular ninguém, e porque a minha aparência não é agradável, e porque não sorrio em frente a outros homens, não faço agrados a ninguém, não ludíbrio nem uso meias palavras, não me curvo em mesuras nem curvo a espinha e não tenho gestos afetados, devo ser taxado de inimigo rancoroso. Será que um homem não pode viver e pensar simplesmente, sem maldade, que logo a sua verdade passa a ser injuriada por um joão-ninguém dissimulado, venenoso, escorregadio?

GREY – A quem exatamente Sua Graça está se dirigindo?

RICARDO – A ti, que não tem nem honestidade nem fineza. Quando foi que eu te injuriei? Quando foi que te injusticei? Ou a ti? Ou a ti? Ou a qualquer um aqui desta facção? Que todos sejam acometidos pela praga! Sua Graça Real (por quem Deus olha muito melhor do que vocês desejariam) não pode ficar sossegado nem mesmo para respirar um pouquinho, que vocês precisam incomodá-lo com queixas que no fundo não passam de asneiras.

ELIZABETH – Cunhado de Gloucester, você interpreta a questão de modo equivocado: o Rei, de sua própria e real disposição, e sem ser incitado por nenhum peticionário, e tendo em vistas, ao que parece, o ódio profundo que nas tuas ações vem à superfície e revela-se contra os meus filhos, contra os meus irmãos e contra mim mesma, faz com que ele mande te chamar à sua real presença, com o propósito de saber quais são os motivos de tua má vontade para conosco, para que ele então possa afastá-la de vez.

Ricardo – Não sei dizer; o mundo vai de mal a pior, e agora parece que as corruíras saltam sobre presas lá onde nem as águias ousam empoleirar-se. Uma vez que todo joão-ninguém torna-se um cavalheiro, tem muito cavalheiro por aí virando joão-ninguém.

Elizabeth – Ora, vamos, nós entendemos muito bem o que você está querendo dizer, cunhado Gloucester. Você sente inveja porque eu e meus amigos subimos na vida. Que Deus nos proteja de algum dia precisar de tua ajuda.

Ricardo – Neste meio-tempo, Deus nos leva a precisar de você: nosso irmão está encarcerado por maquinações suas, eu mesmo caí em desgraça, e a nobreza é menosprezada, enquanto grandes promoções são diariamente concedidas para enobrecer aqueles que, não faz nem dois dias, não valiam nem duas libras.

Elizabeth – Por ele, que me elevou a esta alta posição, de tanta responsabilidade, saída eu de um destino com o qual eu estava satisfeita e ao qual eu era afeita, juro que jamais incensei Sua Majestade contra o Duque de Clarence e, muito antes pelo contrário, tenho sido uma leal defensora no sentido de interceder por ele. Meu lorde, você me calunia vergonhosamente, com acusações falsas, que é para incluir-me em suas suspeitas infames.

Ricardo – Você pode negar que não foi por suas maquinações que o meu bom Lorde Hastings foi recentemente encarcerado?

Rivers – Ela pode negar, sim, meu lorde, pois...

Ricardo – Ela pode negar, sim, Lorde Rivers. Por quê? Quem é que não sabe? Ela pode fazer mais que isso, meu senhor, mais que negar: ela pode ajudá-lo, senhor, em muitas e lindas promoções, para depois negar que deu um empurrãozinho na coisa e imputar essas honras ao seu alto mérito, senhor. O que é que ela não pode? Ela pode... ora, ela pode até mesmo casar...

Rivers – Mas, o quê? Ela pode até mesmo casar?

Ricardo – Mas o que ela pode até mesmo casar? Um rei! Solteiro, e ainda por cima um belo rapazinho. Mas com certeza a sua avó, meu senhor, arranjou um marido bem pior.

Elizabeth – Meu caro lorde de Gloucester, já faz tempo demais que venho aguentando o modo como me desaprova, suas grosserias, seu escárnio, seu azedume. Por Deus, juro que agora levarei ao conhecimento de Sua Majestade esses insultos vulgares que tenho aturado tantas e tantas vezes.

Entra a velha Rainha Margaret.

Preferiria ser uma empregadinha, uma serviçal no campo, a ser uma grande rainha nestas circunstâncias: ter perto de mim pessoa que tanto me atormenta e me despreza e ainda vocifera contra mim. Bem pouca alegria tenho eu em ser a rainha da Inglaterra.

Margaret *[À parte]* – Bem pouca, e cada vez menos, é o que imploro a Deus. As honras que te prestam, teu título e teu trono pertencem a mim de direito.

Ricardo – Mas, o quê? Pensa que está me ameaçando, ao dizer que vai contar ao Rei? Conte, e procure não omitir nada; olhe, tudo o que eu disse eu ratifico na presença do Rei. Ouso arriscar-me a ser enviado à Torre. É hora de dar voz ao que penso: tudo o que já fiz por este Reino caiu no esquecimento.

Margaret *[À parte]* – Xô, demônio! Pois eu me lembro, e muito bem: mataste o meu marido Henrique na Torre, aqui em Londres, e mataste Eduardo, o meu pobre filho, em Tewkesbury.

Ricardo – Antes de você ser rainha, sim, e mesmo antes de o seu marido ser rei, eu já era burro de carga nos grandes feitos dele; um extirpador dos orgulhosos adversários dele; um liberal recompensador dos amigos dele. Dei meu sangue para que o sangue dele se tornasse realeza.

Margaret *[À parte]* – Sim, e também derramaste sangue, um sangue muito melhor que o teu ou que o dele.

Ricardo – Durante todo esse tempo, você e o seu falecido marido Grey eram faccionários da Casa de Lancaster. (E você, Rivers, também.) Pois não morreu o seu marido na batalha da Rainha Margaret em Saint Albans? Deixem-me refrescar-lhes as memórias, se é que já estão todos esquecidos, sobre quem vocês eram antes disso, e quem vocês são agora. E, ademais, quem eu era então e quem eu sou agora.

Margaret *[À parte]* – Era um calhorda, um assassino, e ainda é.

Ricardo – Pobre Clarence, abandonou o próprio sogro, o Conde de Warwick; sim, e cometeu perjúrio contra si mesmo... que Jesus Cristo o perdoe...

Margaret *[À parte]* – Que Deus o vingue.

Ricardo – ... para lutar pela coroa ao lado de Eduardo. E, em recompensa, o pobre lorde merece ser encarcerado.

Queria eu que Deus transformasse em pederneira o meu coração, ou então que fizesse o coração de Eduardo ficar mole e piedoso, como o meu. Sou por demais infantil e tolo para este mundo.

MARGARET *[À parte]* – Apressa-te em ir para o inferno, que te falta é vergonha na cara! Sai fora deste mundo, seu cacodemônio. Lá que é o teu lugar, onde és rei.

RIVERS – Meu Lorde de Gloucester, naqueles tempos agitados (e nós aqui lhe pedimos que nos prove que éramos da facção inimiga) nós seguíamos o nosso lorde, o nosso soberano Rei[19]. Como também seguiremos o senhor, se um dia for o nosso rei.

RICARDO – Se um dia eu for rei? Prefiro ser mercador ambulante! Que se conserve longe do meu coração, essa ideia.

ELIZABETH – Assim como você supõe que não seria feliz se fosse o rei deste país, milorde, pode da mesma maneira supor que não sou feliz sendo a Rainha.

MARGARET *[À parte]* – Sim, não é feliz a Rainha, pois eu sou a Rainha, e totalmente infeliz. Não posso mais me conter!

[Avançando, revela aos outros a sua presença.]

Ouçam-me, seus piratas brigões, que se indispõem uns com os outros em desavenças quanto a repartir aquilo que saquearam de mim: quem dentre vocês não estremece quando me olha? Por que se curvam como súditos se não por eu ser a Rainha? E, no entanto, destronada por vocês, vocês tremem como sublevados. Ah, nobre cafajeste, não me dê as costas.

---
19. Henrique VI. (N.T.)

Ricardo – Sua bruxa enrugada, abominável mulher, o que vieste fazer aqui, que me apareces diante dos olhos?

Margaret – Só vim descrever aquilo que tu destruíste, e isso eu farei, antes que eu te dê permissão para te retirares.

Ricardo – Não estavas banida da corte, sob pena de morte?

Margaret – Estava, sim, mas acho o banimento pena mais dolorosa que morrer aqui, em minha morada. Tu me deves a mim um marido e um filho; e tu, me deves um reino; todos vocês, me devem lealdade. O pesar que sinto, por direito, é de vocês; e todas as alegrias que vocês têm usurpado de mim, estas são minhas.

Ricardo – A praga que meu nobre pai rogou contra ti quando tu lhe coroaste a testa com papel e com teu menosprezo arrancaste dos olhos dele rios de lágrimas, e então, para secá-las, deste ao Duque um pano que se umedecera no sangue imaculado do menino Rutland, tão bonitinho... As pragas dele, então, desde o fel de sua alma, denunciavam a tua pessoa, caíam todas sobre a tua pessoa, e, por Deus, não fomos nós que rogamos pragas contra o teu ato sanguinário.

Elizabeth – Assim justo é Deus, que faz justiça aos inocentes.

Hastings – Ah, foi um ato de máxima vilania, matar aquela criança, e o mais impiedoso de que já se ouviu falar.

Ricardo – Os próprios tiranos choraram quando isso lhes foi relatado.

Dorset – Não houve homem que não previsse vingança contra isso.

BUCKINGHAM – O Conde de Northumberland, que estava presente, chorou ao ver a cena.

MARGARET – Mas, o quê? Vocês estavam todos mostrando os dentes uns para os outros antes de eu chegar, prontos a se esgoelarem, e agora todos viram o seu ódio contra mim? A terrível praga de York foi tão bem-sucedida junto aos céus que tudo… a morte de Henrique e a morte do meu adorável Eduardo e a perda do reino e o meu deplorável banimento… tudo isso deve responder pela morte daquele fedelho impertinente? Podem as pragas perfurar as nuvens e adentrar os céus? Ora, mas então, com licença, nuvens pesadas e sombrias, deem passagem às minhas pragas, intensas e de rápido efeito: já que não pode ser na guerra, que o vosso Rei morra de empanturramento, assim como morreu o nosso para colocá-lo no trono. Que morra Eduardo, o teu filho, que agora é o Príncipe de Gales, assim como morreu Eduardo, o meu filho, que era o Príncipe de Gales, morto precocemente, vítima de uma violência igualmente precoce. Que tu vivas, sempre uma rainha, assim como vivo eu, que fui rainha, sobrevivendo à tua glória assim como eu: desgraçada. Que tenhas vida longa para chorar a morte de teus filhos, e que vejas uma outra, como eu te vejo agora, ornada de teus títulos, assim como tu estás entronada dos meus. Que morram os teus dias felizes muito tempo antes de tua própria morte, e que, depois de muitas e muitas intermináveis horas de luto e dor, tu morras sem ser mãe, sem ser esposa, sem ser a Rainha da Inglaterra. Rivers e Dorset, vocês foram testemunhas, e também você, Lorde Hastings, quando meu filho foi apunhalado com armas sanguinárias. Peço a Deus que nenhum de vocês viva até ficar velho, mas que tenham todos os três a vida ceifada por algum acidente inesperado.

Ricardo – Certo, já aprontaste o teu sortilégio, sua bruxa asquerosa e murcha.

Margaret – E deixar-te de fora? Parado aí, cachorro, pois tu vais me ouvir. Se os céus têm guardada alguma praga atroz, de atrocidade ainda maior do que tudo que eu possa rogar contra ti, ah, que os céus então as guardem até que os teus pecados tenham amadurecido, e então sim, que os céus arremessem sua indignação sobre ti, o perturbador da paz deste pobre mundo. Que o verme da consciência corroa ininterruptamente a tua alma. Que suspeites de teus amigos, confundindo-os com traidores enquanto viveres, e que tomes por melhores amigos os piores traidores. Que o sono não venha fechar os teus olhos mortíferos, a menos que seja enquanto algum sonho atormentador esteja te apavorando com um inferno lotado de demônios horripilantes. Seu porco escroto, aborto de gente, desprezível diabrete, tu que foste marcado em teu nascimento como escravo por natureza e filho do diabo; tu que injuriaste o pesado e triste ventre de tua mãe; tu, prole odiosa de teu pai; tu que tens a honra esfarrapada, detestável…

Ricardo – …Margaret!

Margaret – …Ricardo!

Ricardo – O quê?

Margaret – Eu não te chamei.

Ricardo – Então eu te peço desculpas, pois achei que havias me chamado de todos esses terríveis nomes.

Margaret – E foi exatamente o que eu fiz, mas não espero que respondas ao meu chamado. Ah, deixa-me concluir a minha maldição!

Ricardo – Já concluí por ti, e ela termina em "Margaret".

Elizabeth – Assim você sussurrou a sua maldição sobre si mesma.

Margaret – Minha pobre rainha de retrato, ornamento vão do meu destino: por que você derrama açúcar nessa aranha inchada, cuja teia sinistra está lhe enredando? Boba que você é, amolando a faca com que vai se matar a si mesma. O dia chegará, no qual você vai desejar minha ajuda para amaldiçoar este sapo corcunda e venenoso.

Hastings – A senhora é pessoa equivocada em suas profecias. Dê por encerrada essa sua praga frenética, para que não percamos a paciência, e assim evitamos deixá-la ferida.

Margaret – Vocês é que me fazem perder a paciência: que a desonra recaia sobre todos vocês.

Rivers – Se a senhora estivesse bem aconselhada, teriam lhe ensinado qual é o seu lugar.

Margaret – Para me aconselhar bem, coloquem-se em seus lugares: curvem-se diante de mim. Ensinem-me a ser sua rainha, e vocês, meus súditos. Vamos, sejam bons conselheiros e ensinem-se uns aos outros como cada um se coloca em seu devido lugar.

Dorset – O melhor é não discutir com essa lunática.

Margaret – Calado, Mestre Marquês. Você está sendo impertinente. O brasão de seu novíssimo título mal foi cunhado em metal, e ninguém o conhece ainda. Ah, se a sua incipiente nobreza pudesse julgar o que é perder um título e ficar miseravelmente triste. Os que estão no topo têm muitas rajadas de vento a sacudi-los e, se caem, espatifam-se no chão, fazendo-se em pedacinhos.

Ricardo – Um bom conselho, enfim! Vai aprendendo, Marquês, vai aprendendo!

Dorset – Refere-se a você, milorde, tanto quanto a mim.

Ricardo – Sim, e a muitos outros também. Mas acontece que eu nasci tão, mas tão no topo que o nosso ninho, construído no alto de um cedro, brinca com o vento e zomba do sol.

Margaret – E transforma o astro rei em negras sombras. Ai de mim! Vejam, por exemplo, o meu filho, agora na sombra da morte, cujos raios cintilantes, esplendorosos, a tua ira nublada escondeu em eterna escuridão. O teu ninho foi construído no aconchego do nosso ninho. Ah, meu Deus, vós que estais testemunhando isso, não aceitais isso: tudo o que nos tomaram com sangue, que eles percam, também com sangue.

Buckingham – Cale-se, cale-se; se não por piedade, por vergonha.

Margaret – Vocês não podem exigir de mim nem piedade, nem vergonha. Agiram comigo impiedosamente, e minhas esperanças foram vergonhosamente dizimadas por vocês. Minha piedade é raiva, e minha vergonha é a vida. E, nessa vergonha, vive sempre a fúria dos meus pesares.

Buckingham – Chega! Chega!

Margaret – Ah, Buckingham, você é um príncipe. Beijo a sua mão em sinal de amizade e aliança consigo. Agora, que tudo de bom recaia sobre a sua pessoa e a sua nobre Casa. Os trajes que você usa não estão manchados do nosso sangue, nem você está no escopo de minha maldição.

Buckingham – Nem ninguém aqui, pois maldições nunca vão além dos lábios daqueles que as sussurram para o vento.

Margaret – Penso tão-somente que elas ascendem aos céus, e lá acordam Deus de seu sono tranquilo e pacífico. Ah, Buckingham, tome cuidado com aquele cachorro ali! Olhe que, quando ele mostra as presas, ele morde; e, quando morde, o dente que destila veneno abre o caminho para a morte por infecção. Desligue-se dele. Cuidado com ele. O pecado, a morte e o inferno gravaram nele as suas marcas, e todos os ministros do inferno prestam serviços a ele.

Ricardo – O que ela está dizendo, meu Lorde de Buckingham?

Buckingham – Nada que de mim mereça respeito, milorde.

Margaret – Ora, então você menospreza a mim pelo meu amável conselho e tranquiliza o diabo sobre o qual estou te advertindo? Ah, pois então lembre-se bem disto em outro dia, mais adiante, quando ele deixar o seu coração partido de tanta tristeza, e diga: a pobre Margaret foi uma profetisa. Vivam, todos e cada um de vocês, como súditos do ódio de Ricardo, e ele, súdito do ódio de vocês, e todos vocês, súditos do ódio de Deus.

[Sai.]

Buckingham – Fico com o cabelo em pé só de ouvir as maldições dela.

Rivers – Eu também. Fico me perguntando por que ela está em liberdade.

Ricardo – Não posso culpá-la. Pela santa mãe de Deus, ela foi muito injustiçada; e eu me arrependo de minha parte nessa história, de tudo o que causei a ela.

Elizabeth – Eu jamais a prejudiquei, que eu saiba.

Ricardo – E, no entanto, você é quem usufrui de todas as vantagens decorrentes das injustiças contra ela cometidas. Eu fui com todo o meu fogo em busca de fazer o bem a uma pessoa[20] que agora, ao lembrar isso, mostra-se gelado. Pelo menos, quanto a Clarence, ele foi bem recompensado: trancafiado num chiqueiro, vai passar por um regime de engorda por causa de seus suados esforços. Que Deus perdoe aqueles que são a causa disso.

Rivers – Uma conclusão virtuosa e cristã, dizer uma prece por aqueles que nos causaram danos.

Ricardo – Faço sempre assim...

[Fala consigo mesmo:]

...quando sou bem-aconselhado. Se tivesse rogado uma praga agora, teria rogado uma praga contra mim mesmo.

Entra Catesby.

Catesby – Madame, Sua Majestade está lhe chamando. E também Sua Graça, e ainda os senhores, nobres lordes.

Elizabeth – Catesby, já estou indo. Lordes, me acompanham?

Rivers – Estamos às ordens de Sua Graça.

[Saem todos, menos Ricardo.]

Ricardo – Cometo as injustiças e sou o primeiro a denunciá-las em altos brados. Os danos secretos que invento, eu os coloco sob as intensas acusações de terceiros. Por Clarence, a quem eu, realmente, joguei na

---
20. O rei Eduardo IV, seu irmão, o marido de Elizabeth. (N.T.)

escuridão, derramo lágrimas perante vários e crédulos simplórios, quais sejam: Derby, Hastings, Buckingham. E digo a eles que são a Rainha e seus aliados que estão atiçando o Rei contra o Duque meu irmão. Agora eles acreditam e, ademais, estimulam-me a procurar vingança junto a Rivers, Dorset, Grey. Mas então eu suspiro e, com um trecho das Escrituras, digo-lhes que Deus nos pede que façamos o bem sempre que nos fizerem o mal. E assim vou vestindo minha canalhice nua com antigos clichês daqui e dali, roubados dos textos sagrados, e fico parecendo um santo, quando na maior parte do tempo faço o papel do diabo.

Entram dois assassinos.

Mas, silêncio, eis que chegam os meus executores. Como estão, meus companheiros: decididos, valentes, intrépidos? Prontos para despachar aquele assunto?

Primeiro Assassino – Prontos, milorde, e viemos para ter a garantia de que teremos acesso ao lugar onde ele está.

Ricardo – Muito bem pensado. Está aqui comigo. Quando terminarem, vão até Crosby Place. Mas... senhores, sejam rápidos na execução e, ademais, impenitentes: não ouçam as súplicas dele, pois Clarence é bem-articulado, e é possível que consiga amolecer os seus corações, para que dele vocês tenham pena, se a ele vocês derem ouvidos.

Segundo Assassino – Ora, vamos, milorde, é claro que nós não vamos nos deter em conversa fiada. Quem muito conversa pouco faz. Pode ter certeza de que estamos indo para usar as mãos, e não a língua.

Ricardo – Enquanto os olhos dos tolos derramam lágrimas pesadas, dá para ver que os olhos de vocês enxergam longe. Gostei de vocês, rapazes. Agora, ao trabalho. Vamos, andem, tratem de liquidar esse assunto.

Os dois – É para já, milorde.

[Saem.]

CENA IV

Entram Clarence e o Guardião da Torre.

Guardião – Por que Sua Graça está tão melancólico hoje?

Clarence – Ah, tive uma noite miserável, tão cheia de pesadelos, de visões pavorosas, que, homem cristão e crente que sou, não quero por nada passar outra noite assim, nem que fosse para comprar um mundo de dias felizes, tantos foram os sinistros terrores que preencheram a minha noite.

Guardião – Qual foi o seu pesadelo, milorde? Eu lhe peço que me conte.

Clarence – A mim me parecia que havia escapado da Torre, e estava embarcado para atravessar os mares até a Borgonha. E, em minha companhia, estava o meu irmão Gloucester, que, do meu camarote, me seduzia com a ideia de caminhar acima das escotilhas. Dali, olhamos na direção da Inglaterra e contamos histórias que nos acometeram, das mais de mil épocas tristes durante as guerras das Casas de York e de Lancaster. Enquanto estávamos caminhando para cá e para lá no espaço estreitinho, estreitinho e que nos deixava tontos, das escotilhas, a mim quis me parecer que Gloucester tropeçou e, ao cair, bateu em mim (que pensei em segurá-lo), derrubando-me para fora do convés, para dentro dos vagalhões encapelados do mar revolto. Senhor meu Deus! Pensei: que dor, morrer afogado! Que barulho terrível, o das águas nos meus ouvidos! Que visões de morte horrenda nos meus olhos! Pensei ter visto mais de mil navios tristemente naufragados; dez mil homens carcomidos pelos peixes; montes de ouro, enormes âncoras, pilhas de pérolas, pedras de valor inestimável, joias sem preço, tudo espalhado no fundo do mar. Algumas repousavam nas caveiras dos mortos, e nos buracos onde um dia havia olhos, ali estavam, como que zombando dos olhos, pedras preciosas, coloridas, cintilantes, flertando com o fundo viscoso do oceano, fazendo piada dos ossos por ali espalhados.

GUARDIÃO – E o senhor teve tanto tempo de ócio no instante da morte, que deu para contemplar esses segredos do fundo do mar?

CLARENCE – A mim me parecia que sim. Várias vezes esforcei-me por morrer, mas sempre a maré invejosa aparecia para aprisionar a minha alma, impedindo-a de ir adiante na busca de ar, um ar vazio e vasto e vadio; a maré asfixiava a minha alma dentro mesmo de minha ofegante corpulência, que quase rebentou de tanto tentar vomitá-la no mar.

GUARDIÃO – E o senhor não acordou no meio dessa dolorida agonia?

CLARENCE – Não, não. O meu sonho alongou-se para até depois da vida. Ah, e então começou a tempestade na minha alma. A mim quis me parecer que passei pela maré de melancolia com aquele barqueiro[21] rabugento que cantam os poetas e que me levou para o reino da noite eterna. Lá, o primeiro a saudar minha alma estrangeira foi o meu sogro, o grande e renomado Warwick, que disse, em alto e bom tom: "Qual açoite por perjúrio pode esta nossa negra monarquia aplicar no falso Clarence?". E assim ele sumiu. Então veio chegando, errante, um espírito igual a um anjo, de cabelo brilhoso, salpicado de sangue; e ele disse, em gritos lancinantes: "Clarence chegou. O falso, hesitante, insidioso Clarence, que me apunhalou no campo de batalha de Tewkesbury! Capturai-o, Fúrias! Atormentai-o!" Com isso, a mim quis me parecer, uma legião de espíritos demoníacos, infernais, obscenos me rodearam e urraram nos meus ouvidos gritos tão medonhos que, com o barulho, eu acordei tremendo, e, por um bom tempo depois disso, eu só podia acreditar que estava mesmo no inferno, tal foi a impressão hedionda com que fiquei marcado pelo meu pesadelo.

GUARDIÃO – Não é de admirar, meu lorde, que o sonho o tenha assustado. A mim me parece que estou com medo, só de ouvi-lo contar.

CLARENCE – Ah, Guardião, Guardião, eu cometi esses atos que agora vêm trazer testemunho contra minha alma; eu os cometi em prol de Eduardo, meu irmão e meu rei. E, veja só, como ele me retribui. Ah, senhor meu Deus, se as minhas mais graves preces não vos apaziguam, e ainda quereis obter vingança por minhas

---

21. Na mitologia grega, Caronte, o barqueiro dos mortos, ou o barqueiro de Hades (deus dos mortos), é quem faz a travessia das almas dos recém-mortos, pelo rio Aqueronte, desde o mundo dos vivos até o subterrâneo mundo dos mortos – mediante pagamento. (N.T.)

iniquidades, peço-vos: executai Vossa ira contra mim e ninguém mais. Poupai minha inocente esposa e meus pobres filhos. Guardião, eu lhe suplico, sente-se um pouco aqui comigo. Minha alma está pesada, e muito me agradaria pegar no sono.

Guardião – Sento, sim, milorde. Que Deus dê à Sua Graça um bom sono.

Entra Brakenbury, o tenente.

Brakenbury – A tristeza vem quebrar o tempo reservado às horas de repouso, vem transformar a noite em dia, e da tarde faz noite. Príncipes têm apenas os seus títulos por glória, uma honraria exterior para uma labuta íntima. Quanto às gratificações que se pode imaginar que eles tenham, mas com as quais não se comprazem, eles, no mais das vezes, sentem é o peso de um mundo de inquietantes preocupações. De maneiras que, entre os títulos deles e um nome de classe baixa, não há nada que os diferencie, a não ser a fama de fachada.

Entram os dois assassinos.

Primeiro Assassino – Ei, quem está aí?

Brakenbury – O que é que você deseja, meu camarada? E como é que se explica isto, que você esteja aqui?

Segundo Assassino – Desejo falar com Clarence, e estou aqui porque até aqui cheguei por minhas próprias pernas.

Brakenbury – Ora, é só isso que você tem a dizer?

Primeiro Assassino – Melhor, senhor, do que entediar quem me ouve. Deixe que ele veja a que viemos, e não fale mais.

[Brakenbury lê.]

BRAKENBURY – Por esta carta, tenho ordens de entregar o nobre Duque de Clarence aos seus cuidados. Não vou inquirir sobre o que significa isto, porque meu desejo é continuar ignorando o seu significado. Ali repousa o Duque, dormindo. E lá estão as chaves. Vou ter com o Rei e participarei a ele que, portanto, passei aos senhores a minha incumbência.

PRIMEIRO ASSASSINO – Pode fazer assim mesmo, senhor. É uma atitude inteligente, a sua. Passar bem.

[Saem Brakenbury e o Guardião.]

SEGUNDO ASSASSINO – E agora, devo apunhalar o homem enquanto dorme?

PRIMEIRO ASSASSINO – Não; ele dirá que foi coisa feita de modo covarde, quando acordar.

SEGUNDO ASSASSINO – Ora, ele nunca vai acordar, até o Dia do Juízo Final.

PRIMEIRO ASSASSINO – Ora, nesse dia ele vai dizer que foi apunhalado por nós enquanto dormia.

SEGUNDO ASSASSINO – Só de mencionar esta palavra, "Juízo", já me deu uma espécie de remorso.

PRIMEIRO ASSASSINO – O quê? Você está com medo?

SEGUNDO ASSASSINO – Não de matar o homem... já que temos garantias... mas de sofrer danação eterna por matar, coisa para a qual não existe nenhuma garantia que me possa defender.

PRIMEIRO ASSASSINO – Pensei que você estivesse decidido.

SEGUNDO ASSASSINO – Pois estou decidido... a deixá-lo viver.

Primeiro Assassino – Posso voltar à presença do Duque de Gloucester e contar isso a ele.

Segundo Assassino – Não, eu te peço: espere um pouco. Tenho esperança de que este meu estado de espírito piedoso vá mudar. Ele costuma me frear só o tempo de se contar até vinte.

Primeiro Assassino – E como é que você está se sentindo agora?

Segundo Assassino – Ainda sinto dentro de mim alguns resquícios de consciência.

Primeiro Assassino – Lembre-se de nossa recompensa, quando a coisa estiver feita.

Segundo Assassino – Pelas chagas de Cristo, ele morre! Eu tinha me esquecido da recompensa.

Primeiro Assassino – Mas, onde está a sua consciência agora?

Segundo Assassino – Ah, na bolsa do Duque de Gloucester.

Primeiro Assassino – Quando ele abrir a bolsa para nos entregar a nossa recompensa, a sua consciência vai simplesmente voar para longe?

Segundo Assassino – Não tem problema, a gente deixa ela ir embora. Poucos vão querer acolhê-la, e talvez ninguém queira.

Primeiro Assassino – E se ela volta para você?

Segundo Assassino – Não vou me meter em seus assuntos; ela faz, dos homens, covardes. O sujeito não pode roubar, que ela o acusa; o sujeito não pode soltar palavrões, que ela o censura; o sujeito não pode se deitar com a mulher do vizinho, que ela fica sabendo. É um espírito que fica vermelho de vergonha, um tímido que se amotina contra o coração de um homem. Deixa o vivente cheio de impedimentos. Uma vez, ela me fez devolver uma bolsa de ouro que encontrei por acaso. Ela faz mendigos dos homens que a acolhem. É tida como perigosa nas cidades, de onde a expulsam. Todo homem que deseja viver bem empenha-se em confiar em si mesmo, dispensando-a de sua vida.

Primeiro Assassino – Pelas chagas de Cristo, ela está agora mesmo aqui no meu cotovelo, me persuadindo a não matar o Duque.

Segundo Assassino – Controle o diabo no seu pensamento e não acredite nele, pois ele vai querer se insinuar em você para te fazer suspirar.

Primeiro Assassino – Eu sou bem corpulento; ele não pode comigo.

Segundo Assassino – Falou como um homem forte, corajoso, resoluto, que respeita a sua reputação! Venha, vamos fazer o nosso trabalho.

Primeiro Assassino – Você pega ele no cocuruto, com o cabo da tua espada, e depois joga ele dentro da barrica de malvasia que tem na sala aqui do lado.

Segundo Assassino – Ah, excelente ideia! E a gente deixa ele marinando no vinho.

Primeiro Assassino – Silêncio, ele está acordando.

Segundo Assassino – Vai, dá o golpe!

Primeiro Assassino – Não, nós vamos é argumentar com ele.

Clarence – Onde é que você está, Guardião? Alcança-me um copo de vinho.

Segundo Assassino – O senhor vai ter todo vinho que quiser, milorde, em seguidinha.

Clarence – Em nome de Deus, você é quem?

Segundo Assassino – Um homem, igual ao senhor.

Clarence – Na verdade, não como eu, de sangue real.

Primeiro Assassino – Nem o senhor como nós, de espírito leal.

Clarence – A sua voz ruge como o trovão, mas você parece ser um homem benevolente.

Primeiro Assassino – A minha voz fala em nome do Rei, e eu me pareço comigo mesmo.

Clarence – Com que tons sombrios, com que tons fatídicos você fala. O seu olhar me ameaça. Por que está tão pálido? Quem foi que te mandou aqui? Por que você está aqui?

Os dois – Para... para... para...

Clarence – Para me matar?

Os dois – Sim.

Clarence – Vocês mal têm coragem de me contar isso; portanto, não terão coragem de fazê-lo. No que foi, meus amigos, que eu os ofendi?

Primeiro Assassino – O senhor não nos ofendeu, mas ofendeu ao Rei.

Clarence – Eu me reconciliarei com ele novamente.

Segundo Assassino – Jamais, milorde. Prepare-se para morrer.

Clarence – É você o escolhido, entre os homens todos de um mundo inteiro, para matar os inocentes? Qual foi o meu crime? Onde estão as provas daquilo de que sou acusado? Que averiguação legal levou ao veredicto que se colocou diante do cenho fechado do juiz? E quem foi que pronunciou a amarga sentença de morte para o pobre Clarence? Antes de eu ser condenado por um processo legal, ameaçar-me de morte é o que há de mais ilegal. Ordeno aos dois, que com certeza têm esperança em sua redenção, pelo sagrado sangue de Cristo, derramado por nossos graves pecados, que vocês vão embora e não toquem em mim, pois o ato que vocês querem ver realizado é execrável.

Primeiro Assassino – O que vamos fazer, nós fazemos mediante ordens.

Segundo Assassino – E quem nos dá ordens é o nosso Rei.

Clarence – Vassalos equivocados, desencaminhados! O grande Rei dos reis tem na tábua de Suas leis uma ordem: não matarás. Vocês então vão desdenhar Seu édito e cumprir o de um homem? Fiquem atentos! Porque Ele toma em Suas mãos a vingança que fará cair sobre as cabeças daqueles que desobedecem as Suas leis.

Segundo Assassino – E essa mesma vingança Ele faz cair sobre o senhor, por falso perjúrio, e por assassinato também. O senhor recebeu o sacramento de brigar na luta da Casa de Lancaster.[22]

Primeiro Assassino – E, como um traidor ao nome de Deus, o senhor quebrou esse juramento e, com sua espada traiçoeira, estripou o filho de seu soberano.

Segundo Assassino – A quem o senhor havia jurado amar e defender.

---

22. O sogro de Clarence era o conde de Warwick, aliado à Casa de Lancaster; pelo casamento e por uma promessa ao sogro, Clarence deveria lutar do lado dos Lancaster na Guerra das Rosas. (N.T.)

Primeiro Assassino – Como pode então o senhor invocar a temível lei de Deus contra nós, quando quebrou-a em último grau?

Clarence – Ai de mim! Digam-me: em nome de quem cometi eu aquele ato malpensado? Em nome de Eduardo, em nome de meu irmão, por ele. Portanto, ele não os enviou para me matar por isso, pois, por esse pecado específico, ele é tão pecador quanto eu. Se Deus exige vingança por esse ato, saibam também vocês, Ele o fará em público; não queiram tirar essa briga de Seu poderoso braço. Ele não precisa de uma trajetória indireta ou ilegal para livrar-Se daqueles que O tenham ofendido.

Primeiro Assassino – Então quem fez de você embaixador da morte, quando o corajoso e cada vez mais belo Plantageneta, aquele principesco jovem, foi por suas mãos liquidado?

Clarence – O amor por meu irmão, o diabo e minha ira.

Primeiro Assassino – O amor por seu irmão, o nosso senso de dever e os seus defeitos incentivam-nos aqui e agora a liquidar com você.

Clarence – Ah, se vocês têm amor pelo meu irmão, não me odeiem. Sou dele irmão e tenho por ele muito amor. Se vocês foram contratados por dinheiro, vão embora, e eu mando vocês para o meu irmão Gloucester, que vai melhor recompensá-los por minha vida do que Eduardo pela notícia de minha morte.

Segundo Assassino – O senhor se engana; o seu irmão Gloucester lhe tem ódio.

Clarence – Ah, não, ele me tem amor, e me tem em grande estima. Vocês podem ir conversar com ele e dizer que eu os enviei.

Primeiro Assassino – Sim, faremos exatamente isso.

Clarence – Digam a ele que, quando o nosso principesco pai York abençoou seus três filhos homens com seu braço vitorioso e ordenou, desde o íntimo de sua alma, que nós três nos amássemos uns aos outros, ele nem sequer cogitou desta nossa amizade dividida. Peçam a Gloucester que pense sobre isso, e ele vai derramar lágrimas.

Primeiro Assassino – Sim, lágrimas pesadas, como ele mesmo nos instruiu sobre o choro dos tolos.

Clarence – Ah, não falem mal de Gloucester; ele é um homem bom.

Primeiro Assassino – Certo. Ele é bom como a neve é boa no tempo da colheita. Ora, vamos, o senhor se engana. Foi ele quem nos enviou para acabar com sua vida.

Clarence – Não pode ser. Ele chorou pela minha sorte e me tomou em seus braços e me abraçou e jurou, soluçando, que não mediria esforços para me pôr em liberdade.

Primeiro Assassino – Ora, mas é o que ele está fazendo, libertando o senhor de uma vida de servidão neste mundo para uma vida de felicidade eterna no Paraíso.

Segundo Assassino – Acerte as contas com Deus, milorde, pois o senhor tem que morrer.

Clarence – Vocês conseguem ter um sentimento sagrado em suas almas, a ponto de me aconselhar a acertar as contas com Deus, e, ao mesmo tempo, conseguem estar tão cegos para suas próprias almas que desejam entrar em guerra com Deus pelo meu assassinato? Senhores, reconsiderem: aqueles que enviaram vocês para cometer esse ato são os mesmos que vão odiá-los por esse mesmo ato.

Segundo Assassino – O que devemos fazer, então?

Clarence – Pratiquem a compaixão e salvem suas almas.

Primeiro Assassino – Praticar a compaixão? Não, isso é coisa de covarde e coisa de mulher.

Clarence – Não ter compaixão é característico dos animais, dos selvagens, dos demônios. Quem de vocês (se fosse o filho de um príncipe, encontrando-se enclausurado como estou), se dois assassinos como vocês lhe aparecessem pela frente, repito: quem de vocês não suplicaria por sua vida? Sim, vocês suplicariam, estivessem no meu lugar de aflição.

[Dirigindo-se ao Segundo Assassino:]

Meu amigo, eu vejo em teu olhar que tens pena de mim; se teu olhar não está mentindo, vem para o meu lado e suplica pela minha vida. Um príncipe mendigando! Que mendigo não sentiria pena?

Segundo Assassino – Atrás de si, milorde, atenção!

Primeiro Assassino – Tome isso! E isso!

[Apunhala-o.]

Se isso tudo não for o suficiente, eu te afogo na barrica de malvasia.

[Sai com o corpo.]

Segundo Assassino – Um ato sanguinário. Ordens cumpridas com desesperança. Que vontade tenho eu de fazer como Pilatos e lavar as mãos deste assassinato tão deplorável.

Entra o Primeiro Assassino.

Primeiro Assassino – Mas o que foi aquilo? Por que não me ajudou? Te juro como o Duque vai ficar sabendo que você se comportou como um frouxo.

Segundo Assassino – Eu preferiria que ele ficasse sabendo que lhe salvei a vida do irmão. Fique você com a recompensa, e diga ao Duque de Gloucester o que eu lhe disse, pois me arrependo amargamente pelo fato de estar morto o Duque de Clarence.

[Sai.]

Primeiro Assassino – Eu não. Vá-se embora daqui, seu covarde. Bom, é melhor eu esconder o corpo em algum buraco até que o Duque dê ordens para o enterro. E, quando eu tiver o meu dinheiro, vou-me embora, pois uma notícia como esta corre, e eu não posso ficar.

[Sai.]

SEGUNDO ATO

CENA I

Fanfarra.

Entram o Rei Eduardo IV, doente, a Rainha Elizabeth, Dorset, Rivers, Hastings, Buckingham e Grey.

REI – Ora, pois então: agora encerro um bom dia de trabalho. Vocês, lordes do meu reino, podem dar continuidade a esta aliança que nos une pela amizade. Estou esperando para qualquer dia um embaixador que me venha de parte do Redentor para libertar-me daqui. E mais em paz a minha alma vai para o Paraíso, já que celebrei a paz na Terra entre os meus amigos. Rivers e Hastings, deem-se as mãos. Não ignorem o ódio que nutrem um pelo outro, mas celebrem o afeto que os une.

RIVERS – Pelos céus, juro que minha alma está purgada daquele ódio rancoroso e, com minha mão, venho selar o fiel afeto de meu coração.

HASTINGS – Também eu fico feliz de prometer o mesmo, com a mesma lealdade.

REI – Tomem cuidado para não brincar de fazer juramentos frívolos diante de vosso Rei, para que não aconteça de Ele, que é o supremo Rei dos reis, desfazer vossas falsidades ocultas, fazendo com que vocês sejam um a destruição do outro.

Hastings – Que eu prospere tanto quanto o amor que prometo perfeito.

Rivers – E eu, tanto quanto o amor que tenho por Hastings, do fundo do meu coração.

Rei – Minha Rainha, você não está isenta disso. Nem você, Dorset, meu filho. Buckingham, você tampouco. Vocês têm sido beligerantes uns com os outros. Minha esposa e senhora, afeiçoe-se a Lorde Hastings e conceda-lhe beijar sua mão. E, aquilo que fizerem, façam sem fingimento.

Elizabeth – Tome, Hastings. Esqueço para sempre o nosso ódio de antes; fico feliz de dizer isso, em meu nome e em nome dos meus.

Rei – Dorset, abrace-o; Hastings, afeiçoe-se ao lorde Marquês.

Dorset – Essa troca de afeição, proclamo eu aqui e agora, de minha parte será inviolável.

Hastings – Prometo o mesmo.

[Abraçam-se.]

Rei – Agora, meu principesco Buckingham, sele você esta aliança abraçando os aliados de minha esposa e faça-me feliz por essa união de vocês.

Buckingham – Se algum dia Buckingham dirigir seu ódio contra Sua Graça, sem o máximo respeito e afeto que lhe dedica a si e aos seus, que Deus me castigue com o ódio daqueles de quem eu espero os maiores afetos. Quando eu mais precisar de um amigo e estiver confiante de que ele é verdadeiramente um amigo, que ele seja comigo traiçoeiro, astuto, fingido, pérfido. Isto é o que peço a Deus, quando o meu amor por si e pelos seus houver esfriado.

[Abraçam-se.]

Rei – Meu principesco Buckingham, aquecem de modo muito agradável o meu coração enfermo estes seus votos de perene afeto. Só faltava agora o nosso irmão Gloucester estar aqui para finalizar este abençoado acordo de paz.

Entram Ratcliffe e Ricardo.

Buckingham – Em boa hora chegam Sir Richard Ratcliffe e o Duque.

Ricardo – Bom dia para o meu soberano Rei e sua Rainha. Meus principescos lordes, um bom dia.

Rei – Bom mesmo, pois estamos usando o dia de modo esplêndido. Gloucester, acertamos atos de caridade, transformando a inimizade em acordo de paz e o ódio em um belo afeto, entre esses lordes encolerizados, arrogantemente inflamados por uma raiva maldirecionada.

Ricardo – Um esforço abençoado, meu soberaníssimo senhor. Dentre este monte de principescos homens... se tem algum aqui que, por informações falsas ou por desconfianças equivocadas, tem a mim como inimigo... se eu, sem querer, ou em minha fúria, cometi ato que ficasse mal interpretado por qualquer um aqui presente, desejo reconciliar-me, fazer as pazes, ficar em termos amigáveis. Para mim, é o mesmo que a morte, ter alguma inimizade; detesto isso, e desejo a afeição de todos os homens de bem. Primeiramente, madame, suplico de si a verdadeira paz, a qual vou adquirir com minha respeitosa submissão; e de si, meu nobre primo Buckingham, se alguma vez algum ressentimento alojou-se entre nós; e de si, Lorde Rivers, e, Lorde Grey, de si, e de todos que me olharam de testa franzida sem que eu merecesse censura: duques, condes, lordes, cavalheiros; de todos, na verdade. Não conheço inglês vivo com quem a minha alma tenha a menor desavença; sou como um recém-nascido nesse aspecto, e agradeço a Deus por minha humildade.

ELIZABETH – Este ficará para a posteridade como um dia sagrado. Sempre pedi a Deus que todas as discórdias pudessem ser acomodadas. Meu soberano senhor, rogo a Sua Alteza que admita a presença de seu irmão Clarence junto de Sua Graça.

RICARDO – Mas, ora, madame, será que ofereci o meu afeto para isto? Para ser insultado na presença real de todos aqui? Quem não sabe que o gentil Duque está morto? A senhora causa-lhe um grande mal, zombando assim de seu corpo.

RIVERS – Quem não sabe que ele está morto! E alguém sabia de sua morte?

ELIZABETH – Meu Deus, vós que tudo vedes, dizei-me: que mundo é este?

BUCKINGHAM – Estou tão pálido, Lorde Dorset, quanto todos os outros?

DORSET – Sim, meu bom lorde. Não há homem aqui presente de quem não lhe tenha fugido a cor das faces.

REI – Clarence está morto? A ordem foi revogada.

RICARDO – Mas ele, pobre homem, por sua primeira ordem foi morto, ordem essa que algum Mercúrio alado encarregou-se de levar à Torre. Algum aleijado retardatário levou a contraordem, e tão atrasado que chegou depois do enterro. Deus queira que alguém, menos nobre e menos leal, próximo de nós em pensamentos sanguinários, mas distante de nós por laços de sangue, e que, no entanto, é tido por honesto e está livre de suspeitas, não mereça sorte como a que teve o nosso desafortunado Clarence.

Entra Stanley, Conde de Derby.

Stanley – Uma paga, meu soberano, por serviços prestados!

Rei – Eu lhe peço, silêncio. Minha alma está pesada de tanta tristeza.

Stanley – Não me ponho de pé, a menos que Sua Alteza me ouça.

Rei – Então diga de uma vez o que quer de mim.

Stanley – A transferência, soberaníssimo, do meu encargo para o seu encargo, da vida do meu servo que hoje matou um desordeiro que antes era um serviçal cavalheiro do Duque de Norfolk.

Rei – Tenho as palavras que condenam o meu irmão à morte e devo ter as palavras que conferem o perdão a um escravo? Meu irmão não matou ninguém; seu crime foi pensar e, no entanto, por ele pagou com a vida. Quem veio a mim para interceder por ele? Quem foi que, durante o meu ataque de fúria, ajoelhou-se aos meus pés e pediu-me fosse ponderado? Quem me falou do sentimento entre irmãos? Quem me falou de amor? Quem veio me lembrar que aquela pobre alma abandonou o poderoso Warwick e lutou por mim? Quem veio me contar que, no campo de batalha de Tewkesbury, quando Oxford me tinha derrotado, ele me resgatou? E ainda me disse: "Irmão querido, mantenha-se vivo e seja um rei". Quem foi que veio me lembrar da vez em que ficamos os dois caídos no campo de batalha, quando quase morremos congelados, como ele me agasalhou com sua própria roupa e entregou-se, magro e nu, à noite enregelante? Isso tudo a minha ira embrutecida arrancou pecaminosamente de minha lembrança, e não houve um homem sequer dentre vocês que me fizesse a gentileza de recolocar essas histórias em minha mente. Mas, quando os seus carroceiros ou os seus vassalos abatem um bêbado e deformam a preciosa imagem de nosso Senhor o Redentor, vocês prontamente se põem de joelhos e clamam por um perdão, "Perdão!", e eu, também injustamente, devo concedê-lo. Mas ninguém intercedeu por meu irmão. Nem eu, mal-agradecido, falei comigo mesmo em seu favor, pobre alma. Os mais orgulhosos dentre vocês sempre foram gratos por favores que ele lhes fez em vida; porém, nenhum de vocês chegou a implorar pela vida dele, nem uma única vez. Ah, Deus, temo que Vossa justiça venha nos cobrar por isso, a mim e a vocês, e aos meus e aos seus. Venha, Hastings, ajude-me a ir para os meus aposentos. Ah, pobre Clarence!

[Saem alguns com o Rei e a Rainha.]

Ricardo – Isto são os frutos da imprudência. Não viram vocês como os parentes culpados da Rainha empalideceram ao ouvir falar da morte de Clarence? E foram eles que pediram e pediram e insistiram com o Rei. Deus fará justiça. Vamos, senhores, consolar Eduardo com nossa companhia.

Buckingham – Estamos à disposição de Sua Graça.

[Saem.]

CENA II

Entra a velha Duquesa de York, com os dois filhos de Clarence.

MENINO – Vozinha querida, conte para nós: nosso pai morreu?

DUQUESA – Não, meu filho.

MENINA – Por que a senhora chora tantas vezes, e bate no peito? E grita "Ai, Clarence, meu filho infeliz".

MENINO – Por que a senhora olha para nós e sacode a cabeça e nos chama de órfãos, desgraçados, proscritos, se o nosso nobre pai está vivo?

DUQUESA – Meus lindinhos, vocês estão me entendendo mal, os dois. Estou me lamentando pela doença do Rei, pois abomino a ideia de perdê-lo. Não estou chorando a morte do pai de vocês. Seria tristeza desperdiçada, verter lágrimas por quem já perdemos.

MENINO – Então a senhora conclui, minha avó, que ele está morto. O Rei meu tio é o culpado. Deus fará justiça; eu O importunarei com orações fervorosas, todas nesse sentido.

MENINA – Eu também.

DUQUESA – Caladas, crianças, caladas. O Rei lhes tem muito amor. Meus queridos, inocentes e bobos, vocês não têm como adivinhar quem causou a morte do pai de vocês.

MENINO – Vó, nós sabemos, porque o meu bom tio Gloucester me contou que o Rei, levado a isso pela Rainha, inventou acusações para mandar nosso pai para a prisão. E, quando o meu tio me contou isso, ele chorou e ficou com pena de mim e bondosamente me beijou a bochecha. Pediu-me que confiasse nele como em meu pai, e ele me amaria como a um filho.

Duquesa – Ah, quem imaginaria que o Engodo tomaria conta de tão doce forma e, com máscara de virtude, esconderia tão profunda Maldade! Ele é meu filho, sim, e nisto está a minha vergonha. E, contudo, não foi de minhas tetas que ele tirou essa velhacaria.

Menino – A senhora pensa que meu tio é um dissimulado, vó?

Duquesa – Sim, menino.

Menino – Eu não posso pensar assim. Escute! O que é esse barulho?

Entra a Rainha Elizabeth, o cabelo desgrenhado ao redor das orelhas.
Rivers e Dorset vêm atrás dela.

Elizabeth – Ah! Quem vai me impedir de gemer e chorar, de amaldiçoar a minha sorte, de me atormentar? Vou unir forças, eu e esta negra desesperança, contra minha alma e de mim mesma eu me tornarei inimiga.

Duquesa – O que significa esta demonstração de grotesca falta de compostura?

Elizabeth – Serve para suscitar um ato de trágica violência: Eduardo, meu amo e senhor, seu filho, nosso Rei, morreu. Por que continuam crescendo os galhos quando a raiz já se foi? Por que não murcham as folhas se lhes está faltando a seiva? Se quiser viver, lamente-se; se quiser morrer, seja breve, para que nossas almas aladas e rápidas possam acompanhar a alma do Rei ou, como súditos obedientes, possam segui-lo até o seu novo reino, de noite permanente.

Duquesa – Ah, tenho tanta participação em tua tristeza quanto direito de mãe tenho sobre o teu nobre esposo. Já chorei a morte de um marido de valor, e sobrevivi amando e cuidando de suas imagens. Mas agora dois espelhos de sua figura principesca quebraram-se em pedacinhos, levados que foram pela morte maligna. Tudo que tenho para me reconfortar é um espelho falso, que me entristece quando nele enxergo minha vergonha. Tu és uma viúva, sim. Contudo, és mãe e tens como ser reconfortada pelos filhos que ficaram. Mas a morte roubou o meu marido dos meus braços e arrancou duas muletas de minhas mãos frágeis, Clarence e Eduardo. Ah, como tenho, sim, o direito de atropelar os teus pesares e de afogar os teus gritos, já que teus lamentos não passam de metade dos meus.

Menino – Ah, minha tia, a senhora não chorou pela morte de nosso pai; como podemos ajudá-la, nós com as nossas lágrimas de parentes enlutados?

Menina – Nossa dor órfã de pai ficou sem lamentações; que fique a sua dor de viuvez assim também, carente de lágrimas.

Elizabeth – Não me deem ajuda nos meus lamentos. Não estou estéril que não possa parir minhas queixas. Todos os mananciais que há trazem suas correntes até meus olhos, para que eu, governada pela úmida lua, possa emanar lágrimas copiosas para afogar o mundo. Ah, por meu marido, pelo meu amado senhor, Eduardo!

Crianças – Ah, por nosso pai, pelo nosso amado senhor, Clarence!

Duquesa – Ai de mim, pelos dois, o meu Eduardo e o meu Clarence!

Elizabeth – Que arrimo tinha eu que não Eduardo? E agora ele se foi.

CRIANÇAS – Que arrimo tínhamos nós que não Clarence? E agora ele se foi.

DUQUESA – Que arrimo tinha eu que não eles? E agora eles se foram.

ELIZABETH – Jamais houve viúva com perda tão importante.

CRIANÇAS – Jamais houve órfãos com perda tão importante.

DUQUESA – Jamais houve mãe com perdas tão importantes. Ai de mim, que sou a mãe dessas dores! Os lamentos deles são parciais, o meu é total. Ela chora por um Eduardo, e eu também; choro eu por um Clarence, e ela não. Estas crianças choram por Clarence, e eu também; choro eu por um Eduardo, e eles não. Ai de mim! Vocês três, três vezes tristes, derramem sobre mim todas as suas lágrimas. Sou eu quem pode amamentar a sua infelicidade, sou eu quem pode niná-la com lamentos.

DORSET – Console-se, querida mãe. Deus está muito desgostoso por ver que a senhora recebe com ingratidão o Seu feito. Nas coisas comuns e mundanas, é taxado de mal-agradecido pagar com atraso e com má vontade uma dívida de valor que foi gentilmente emprestado por mão generosa. Ainda mais mal-agradecido é opor-se assim aos Céus, pois eles aqui vieram para reclamar de si a realeza que emprestaram à senhora.

RIVERS *[dirigindo-se a Elizabeth]* – Madame, pense, como mãe extremosa, no jovem príncipe, seu filho. Peça que ele venha imediatamente à sua presença. Que ele seja coroado; é nele que reside o seu consolo. Afogue essa dor desesperada no túmulo do Eduardo morto e plante as sementes de sua alegria no trono do Eduardo vivo.

Entram Ricardo, Buckingham, Stanley (Duque de Derby), Hastings e Ratcliffe.

RICARDO – Cunhada, console-se. Todos nós temos razão para chorar o desaparecimento da luz de nossa brilhante estrela, mas as dores não se curam com o choro. Senhora minha mãe, peço-lhe perdão: não vi que Sua Graça estava aí. Humildemente, de joelhos, imploro por sua benção.

[Ajoelha-se.]

DUQUESA – Que Deus te abençoe e ponha docilidade em teu coração; amor, caridade, obediência e lealdade.

RICARDO – Amém.

[Levanta-se. À parte:]

E que me faça morrer bem velhinho. Esta é a parte final de uma bênção materna. Espanta-me que Sua Graça a tenha deixado de fora.

BUCKINGHAM – Vocês, príncipes anuviados e lordes de coração pesado, que carregam este tremendo fardo mútuo de lamentações, agora animem uns aos outros pelo amor que vocês têm uns aos outros. Embora tenhamos terminado com a colheita deste rei, estamos por colher a safra de seu filho. O rancor fraturado de seus ódios altamente inflamatórios, que foi recém-entalado, remendado e rearticulado, é algo que se deve preservar, para que se conserve com carinho. Julgo por bem que, com um séquito mínimo, traga-se o jovem Príncipe, de Ludlow para cá, Londres, para que seja coroado nosso Rei.

RIVERS – Com um séquito mínimo, caro Lorde de Buckingham?

Buckingham – Isso mesmo, meu caro lorde, para que não se tenha reaberta, por causa de um séquito grandioso, a ferida recém-cicatrizada das maledicências, o que seria coisa ainda mais perigosa do que ter-se o interesse público ainda verde e sem governo. Onde cada cavalo leva-se a si mesmo pela rédea e pode comandar-se e dirigir seu rumo como bem entender, do mesmo modo, o medo dos males, assim como os males aparentes, na minha opinião, deve ser prevenido.

Ricardo – Espero que o Rei tenha feito as pazes com todos nós, pois o acordo em mim está firme e verdadeiro.

Rivers – Assim ele está também em mim e, penso eu, em todos nós. No entanto, uma vez que é acordo tão verde, não deve ser posto à prova. Não se pode pensar nem mesmo na possibilidade de quebrá-lo, o que, é muito provável, nos será requisitado não por um nem por dois, mas por muita gente. Portanto, concordo com o nobre Buckingham: é conveniente que sejamos poucos os que vão buscar o Príncipe.

Hastings – Digo o mesmo.

Ricardo – Então que assim seja, e vamos nós determinar quem serão aqueles que vão já, diretamente para Ludlow. Senhora minha mãe, e você, cunhada, gostariam de ir junto e contribuir com sua opinião nesse assunto?

Elizabeth e **Duquesa** – De todo o coração.

[Saem todos, menos Buckingham e Ricardo.]

Buckingham – Milorde, seja quem for que vá buscar o Príncipe, por amor de Deus, não vamos nós os dois ficar em casa, pois quero aproveitar a oportunidade que me surgir para já ir tratando do assunto do qual estávamos falando: não deixar que os parentes orgulhosos da Rainha aproximem-se do Príncipe.

Ricardo – Minha cara-metade, conselheiro do meu conselho, meu oráculo, meu profeta, meu querido primo: eu, como uma criança pequena, sigo suas instruções. Então, rumo a Ludlow, pois não podemos ficar para trás.

[Saem.]

CENA III

Entram um Cidadão por uma porta, e um segundo Cidadão por outra.

Primeiro Cidadão – Bom dia, vizinho. Para onde vai, com tanta pressa?

Segundo Cidadão – Pois eu lhe digo, não estou nem me reconhecendo. Ouviu falar da última notícia que nos chegou?

Primeiro Cidadão – Sim, que o Rei morreu.

Segundo Cidadão – Por Nossa Senhora, é uma péssima notícia. Mas raramente as notícias são boas. Meu medo é o mundo ficar de cabeça para baixo.

Entra um terceiro Cidadão.

Terceiro Cidadão – Vizinhos, que Deus os proteja!

Primeiro Cidadão – Que lhe dê um bom dia, amigo.

Terceiro Cidadão – É mesmo verdade que o nosso bom Rei Eduardo morreu?

Segundo Cidadão – Sim, senhor, é verdade mesmo, que Deus nos ajude.

Terceiro Cidadão – Então, mestres, preparem-se para ver um mundo conturbado.

Primeiro Cidadão – Não, não. Com a graça de Deus, o filho será rei.

Terceiro Cidadão – Desafortunada é a terra onde reina uma criança.

Segundo Cidadão – Nele pode-se depositar a esperança de um governo. Durante a minoridade, um conselho assume a regência. Na maioridade, até seus anos maduros, e neles inclusive, com certeza vai governar bem.

Primeiro Cidadão – Era essa a situação do Estado quando Henrique VI foi coroado em Paris com apenas nove meses de idade.

Terceiro Cidadão – Era essa a situação do Estado? Não, meus amigos, nada disso, e Deus sabe. Naquela época, esta terra era famosa por ser privilegiada com um conselho político da maior seriedade. Naquela época, o Rei contava com tios acima de qualquer suspeita para proteger Sua Graça.

Primeiro Cidadão – Ora, este também os tem, tanto por lado de pai quanto por lado de mãe.

Terceiro Cidadão – Melhor seria se fossem todos por parte de pai, ou então se do lado do pai não houvesse nenhum. Por competição, aqueles que forem agora os mais próximos serão aqueles que vão nos atingir mais de perto, se Deus não impedi-los. Ah, cheio de ciladas é o Duque de Gloucester; e os filhos e irmãos da Rainha, estes são arrogantes e cheios de si. Fossem eles governados, e não governantes, e esta terra enferma poderia ter um alívio, como antes.

Primeiro Cidadão – Ora, ora, vamos. Estamos temendo o pior. Tudo vai dar certo.

Terceiro Cidadão – Quando se avistam nuvens no céu, os homens de bom senso pegam os seus capotes; quando as folhas caem, então é porque o inverno está perto; quando o sol se põe, quem não espera a noite? Temporal e aguaceiro fora de época fazem o homem preparar-se para a escassez. Pode ser que dê tudo certo, mas, se é isso que Deus está tramando, é mais do que merecemos, e muito além das minhas expectativas.

Segundo Cidadão – De fato, os corações dos homens estão repletos de medo. Quase não se encontra mais um homem com quem se pode levar uma boa conversa; todos têm o olhar carregado de pavor.

Terceiro Cidadão – Antes dos dias de mudança é sempre assim. Por algum instinto divino, as mentes dos homens suspeitam do perigo próximo, assim como por experiência conseguimos enxergar as águas subindo antes mesmo de um temporal violento. Mas, deixemos isso nas mãos de Deus. Está indo para onde?

Segundo Cidadão – Pois então! Temos que nos apresentar à Justiça.

Terceiro Cidadão – Eu também. Vou com vocês.

[Saem.]

CENA IV

Entram o Arcebispo de York, o jovem Duque de York, a Rainha Elizabeth e a Duquesa de York.

ARCEBISPO – Noite passada (ouvi dizer), dormiram em Stony Stratford, e hoje à noite devem dormir em Northampton. Chegam amanhã ou depois de amanhã.

DUQUESA – O desejo do meu coração é ver o Príncipe; deve ter crescido bastante desde a última vez que o vi.

ELIZABETH – Ouvi dizer que não. Dizem que o meu filho Duque de York já praticamente passou dele em tamanho.

YORK – Sim, mãe, mas eu preferia que não fosse assim.

DUQUESA – Por que não, meu querido? É bom, crescer.

YORK – Minha avó, uma noite dessas, quando estávamos jantando, o meu tio Rivers comentou como eu cresci mais que o meu irmão. "Sim", falou o meu tio Gloucester, "ervas aromáticas são adoráveis, pequenininhas; pressa de crescer e imponência têm as ervas daninhas." Desde lá, a mim me parece que eu não devia crescer tão rápido, porque as plantas mais aprazíveis são lentas, e as nocivas são apressadas.

DUQUESA – Por Deus, não, não! Esse dito não se revelou verdadeiro para quem o recitou! O seu tio Gloucester foi a coisinha mais insignificante de pequeno, e custou tanto a crescer, e seguiu o seu próprio ritmo, tão devagarinho, que, se essa regra fosse verdade, ele devia ser virtuoso e cheio de graça.

ARCEBISPO – Mas isso ele é, minha virtuosa senhora, sem dúvida.

Duquesa – Espero que sim. Contudo, deixemos que as mães tenham suas dúvidas.

York – Ora, posso lhes dar a minha palavra que, se disso me tivessem lembrado antes, eu podia ter zombado de Sua Graça (do senhor meu tio), para dar uma rasteira no crescimento dele, e ainda mais precisa que a dele no meu.

Duquesa – Como, meu jovem York? Eu lhe peço, conte-me.

York – Ora, dizem que o meu tio teve desenvolvimento tão rápido que podia roer a côdea do pão duas horas depois de nascido. Eu contava já dois anos quando me nasceu o primeiro dente. Vozinha, esta teria sido uma piada mordaz.

Duquesa – Eu lhe pergunto, meu York lindinho, quem foi que lhe contou tal coisa?

York – A ama dele, vó.

Duquesa – A ama? Mas, ora, ela morreu antes de você nascer.

York – Se não foi ela, não sei então quem foi.

Elizabeth – Esse menino é por demais esperto. Vamos, andando, você é inteligente além da conta.

Duquesa – Minha boa senhora, não se zangue com seu filho.

Elizabeth – As paredes têm ouvidos.

Entra um Mensageiro.

Arcebispo – Aí vem um mensageiro. Quais são as novas?

Mensageiro – As novas são tais, milorde, que me dói ter o dever de transmiti-las.

Elizabeth – Como vai o Príncipe?

Mensageiro – Vai bem, madame, e goza de boa saúde.

Duquesa – Que notícias trazes?

Mensageiro – Lorde Rivers e Lorde Grey foram enviados a Pomfret[23] e, junto com eles, foi também Sir Thomas Vaughan, todos feitos prisioneiros.

Duquesa – Quem ordenou fossem recolhidos à prisão?

Mensageiro – Os poderosos duques, Gloucester e Buckingham.

Arcebispo – Por qual crime?

Mensageiro – O que vos contei é tudo o que eu sei. Por que motivo ou por que crime os nobres foram recolhidos à prisão são fatos por mim desconhecidos, meu bondoso lorde.

Elizabeth – Ai de mim! Já posso ver a ruína da minha Casa de York: o tigre agora capturou a corça, tão delicada. É a tirania insultuosa que começa a pisotear o trono, desrespeitado e inocente. Bem-vindos, destruição, sangue e massacre! Já posso ver, como se estivesse num mapa, o fim de tudo.

Duquesa – Amaldiçoados, malfadados dias de disputa, inquietos, insones, a quantos de vocês já não assistiram os meus olhos! Meu marido perdeu a vida para obter a coroa, e com frequência meus filhos foram jogados de um lado para outro para meu júbilo e para meu choro por seus ganhos ou por suas perdas. Uma vez entronados, e as contendas internas totalmente dissipadas, eles próprios, os conquistadores, fazem a guerra entre si, irmão contra irmão, sangue contra o mesmo sangue, um contra

---

23. Castelo em Pontefract, West Yorkshire, no norte da Inglaterra. (N.T.)

ele mesmo. Ah, fúria frenética, absurda e perversa, dá fim ao teu ódio desgraçado, ou então deixa-me morrer, para que os meus olhos não tenham mais o mundo diante de si.

Elizabeth – Vamos, meu menino, vamos embora para o santuário.[24] Madame, adeus.

Duquesa – Esperem, que eu vou com vocês.

Elizabeth – A senhora não tem por que ir.

Arcebispo *[dirigindo-se a Elizabeth]* – Minha bondosa senhora, vá. E leve consigo o seu tesouro e os seus bens. Eu, de minha parte, estou entregando em suas mãos o Selo Real, que tenho sob minha guarda.[25] E que a vida me trate tão bem como eu zelo pela senhora e pelos seus. Vá; eu me encarrego de levá-los até o santuário.

[Saem.]

---

24. A Abadia de Westminster, em Londres. (N.T.)

25. Com a morte do rei Eduardo IV, o Grande Selo da Inglaterra estava sob a guarda do Arcebispo de York. Entregá-lo à Rainha constituiu ato ilegal e de caráter notadamente político. Observa-se que cada rei tinha o seu selo pessoal – estrutura metálica com uma figura em cada ponta: o rei a cavalo (líder militar) e o rei como detentor da palavra final em questões de justiça. As duas imagens do selo eram gravadas em cera de abelha em documentos oficiais, atestando a legitimidade de atos legislativos, tratados estrangeiros e nomeações para cargos na Corte. Era costume que alguém de suma importância do clero fosse o Lorde Guardião do Grande Selo. (N.T.)

TERCEIRO ATO

CENA I

Soam as trombetas.

Entram o jovem Príncipe Eduardo, os Duques de Gloucester e de Buckingham, o Lorde Cardeal Bourchier, Catesby e outros.

BUCKINGHAM – Bem-vindo, gentil Príncipe, a Londres, à capital de vosso reino.

RICARDO – Bem-vindo, querido sobrinho, soberano de meus pensamentos. A viagem, por fatigante, deixou-o melancólico.

PRÍNCIPE – Não, tio, mas as nossas aflições e os contratempos pelo caminho tornaram-na entediante, cansativa e pesada. Desejo mais tios aqui para me receber.

RICARDO – Gentil Príncipe, as virtudes imaculadas de sua juventude ainda não mergulharam nas armadilhas do mundo, e você ainda não sabe detectar em um homem mais que sua aparência externa, a qual... e Deus sabe muito bem... nunca ou raramente está em sincronia com seu coração. Esses tios que você deseja estivessem aqui eram perigosos. Sua Graça prestou atenção às palavras açucaradas deles, mas não soube olhar para o veneno de seus corações. Que Deus o livre deles, e de amigos assim falsos!

PRÍNCIPE – Que Deus me livre de amigos falsos... mas nenhum de meus tios era assim.

Entra o Lorde Prefeito, acompanhado de Serviçais.

RICARDO – Milorde, o Lorde Prefeito de Londres chega para cumprimentá-lo.

PREFEITO – Que Deus abençoe Sua Graça, concedendo--lhe saúde e dias felizes!

PRÍNCIPE – Eu lhe agradeço, meu bom lorde, e agradeço a todos vocês. Pensei que minha mãe e meu irmão York fossem encontrar-nos bem mais cedo, no caminho. Que vergonha Hastings ser tão vagaroso que não chega para nos dizer se eles vêm ou não.

Entra Lorde Hastings.

BUCKINGHAM – Em boa hora, eis que chega Lorde Hastings, suando.

PRÍNCIPE – Bem-vindo, meu lorde. Mas, e nossa mãe? Ela não vem?

HASTINGS – Por que circunstâncias Deus é quem sabe, não eu: a senhora vossa mãe e vosso irmão York recolheram-se ao santuário. O principezinho queria vir comigo para encontrar com Vossa Graça, mas a mãe segurou-o à força.

BUCKINGHAM – Que vergonha! Que conduta tortuosa e impertinente a dela! Lorde Cardeal, será que Sua Graça poderia persuadir a Rainha a mandar o Duque de York imediatamente até diante da principesca presença do irmão? No caso de ela se recusar, Lorde Hastings, vá com ele e, dos braços ciumentos da mãe, arranque o filho à força.

CARDEAL – Meu Lorde de Buckingham, se a minha fraca oratória puder da mãe tirar o Duque de York, aguardem, que em seguida ele estará aqui. Mas, se ela se mantiver obstinada mesmo frente a suaves súplicas, que Deus do Céu nos proíba infringir o sagrado privilégio de um santuário abençoado! Nem por toda a Inglaterra eu iria querer carregar a culpa de um tão profundo pecado.

BUCKINGHAM – Você é empedernido de maneira insensata, milorde; muito cerimonioso e tradicional. É só pesar isso com relação à falta de polidez, à vulgaridade destes nossos tempos; você não estará vandalizando o santuário ao pegar o rapaz. O benefício do lugar está sempre garantido a quem agiu de modo a merecer o abrigo de um santuário e a quem teve o tino de reivindicar esse abrigo para si. O principezinho não o reivindicou e também não agiu no sentido de merecê-lo. Assim é que, na minha opinião, ele não pode desse abrigo usufruir. Portanto, ao tirá-lo de um santuário que não pode oferecer-lhe abrigo, você não estará violando algum privilégio, ou mesmo algum direito. Seguidamente ouço falar de homens que procuram asilo, mas nunca até hoje ouvi falar de crianças procurando asilo em um santuário.

CARDEAL – Meu lorde, o senhor conseguiu vencer o meu pensamento desta vez. Vamos, Lorde Hastings? Gostaria de me acompanhar?

HASTINGS – Vou consigo, milorde.

PRÍNCIPE – Meus bons lordes, vão o mais depressa que puderem.

[Saem o Cardeal e Hastings.]

Diga-me uma coisa, tio Gloucester: se o nosso irmão vier, onde devemos hospedar-nos até a coroação?

RICARDO – Onde lhe parecer à sua real pessoa o melhor local. Se me permite aconselhá-lo, Vossa Alteza deveria repousar por um ou dois dias na Torre; depois, onde preferir e onde acredite ser o mais apropriado para sua saúde e seu divertimento.

Príncipe – De todos os lugares, a Torre é o que menos me agrada.[26] Foi Júlio César quem construiu a Torre de Londres, meu lorde?

Buckingham – Meu bondoso lorde, ele começou a construção que, de lá para cá, tem sido sucessivamente reedificada à medida que se passam os tempos.

Príncipe – E isto está registrado, que César a construiu, ou é algo que vem sendo sucessivamente relatado, à medida que se passam os tempos?

Buckingham – Está registrado, meu bondoso lorde.

Príncipe – Mas, digamos, milorde, que não estivesse registrado. A mim me parece que a verdade sobreviveria, de uma geração para outra, como se estivesse contada para toda a posteridade, e ainda conseguiria chegar ao dia do juízo final.

Ricardo *[À parte]* – Tão esperto e tão novinho! Dizem que esses nunca têm vida longa.

Príncipe – O que foi que disse, tio?

Ricardo – Estou dizendo que, sem a palavra escrita, a fama tem vida longa. *[À parte:]* Assim faço eu: como aquele Vício formal, a Iniquidade, junto dois significados em uma única palavra.

---

26. Era um dos palácios reais, embora não fosse tão sinistro e agourento como Pomfret. Contudo, o jovem Príncipe sente-se relutante, dadas as recentes mortes de Henrique VI e de seu tio Clarence na Torre de Londres. (N.T.)

Príncipe – Aquele Júlio César foi um homem famoso. Tanto quanto a sua coragem enriqueceu-lhe o espírito, seu espírito dispôs-se a imortalizar a sua coragem. A morte não vence esse vencedor, pois, embora não respire mais, ainda hoje a sua fama respira por ele. Vou lhe dizer uma coisa, meu caro Buckingham.

Buckingham – O quê, meu bondoso lorde?

Príncipe – Se eu viver até ser homem adulto, vou conquistar nossos antigos direitos sobre França novamente, ou então morro em campo de batalha: morte de soldado para quem teve vida de rei.

Ricardo – Um verão curto traz em si a primavera precoce.

Entram o jovem Duque de York, Hastings e o Cardeal.

Buckingham – Eis que em boa hora chega o Duque de York.

Príncipe – Ricardo de York: como tem passado o nosso amado irmão?

York – Bem, meu venerável senhor... assim devo chamá-lo de agora em diante.

Príncipe – Sim, irmão, para nossa tristeza, tanto quanto para a sua. É muito recente a morte daquele que podia ter continuado com esse título, um título que com sua morte perde em grande parte a majestade.

Ricardo – Como tem passado o nosso sobrinho, nobre Lorde de York?

York – Eu lhe sou grato, nobre tio. Ah, milorde, o senhor disse que as ervas daninhas são rápidas para crescer; o Príncipe meu irmão já está bem mais alto que eu!

Ricardo – Está mesmo, querido sobrinho.

York – Isso quer dizer que ele é daninho?

Ricardo – Ah, meu justo sobrinho, eu não posso dizer que sim!

York – Então ele é mais favorecido que eu junto ao senhor.

Ricardo – Sendo meu soberano, ele pode me comandar, mas você tem poder junto a mim como tem junto a qualquer parente seu.

York – Eu lhe peço, tio: me dê essa adaga.

Ricardo – Minha adaga, sobrinho? De coração.

Príncipe – Virou pedinte, irmão?

York – Só com o meu amável tio, pois eu sei que cede; e só porque é um objeto sem maior valor, pois assim não o deixa triste, ceder.

Ricardo – Um presente maior que este quero dar ao meu sobrinho.

York – Um presente maior? Ah, então é a espada.

Ricardo – Seria, gentil sobrinho, se fosse mais leve.

York – Ah, estou vendo então que o senhor cede apenas os presentes menores; para coisas de mais peso, sua resposta a um pedinte é não.

Ricardo – Ela é pesada demais para Sua Graça usar.

York – Fosse inda mais pesada, eu a encaro sem maiores temores.

Ricardo – Ora, ele quer mesmo a minha arma, o meu sobrinho menor!

York – Quero sim, para que o meu agradecimento possa ser assim como o senhor me chama.

Ricardo – Como?

York – Menor.

Príncipe – O meu Lorde de York faz questão de ser insolente nas conversas. Meu tio, Sua Graça sabe como aguentar o meu irmão.

York – Você quer dizer aguentar o meu peso, não me aguentar a mim. Tio, o meu irmão está zombando de nós dois: já que sou pequeno como um mico de circo, ele acha que o senhor deve me carregar nos ombros!

Buckingham – Com que inteligência aguda ele raciocina! Para mitigar o escárnio que lançou ao tio, ele vai com agilidade e graça e usa de sarcasmo contra si mesmo. Tão esperto e tão jovem, é uma maravilha!

Ricardo *[dirigindo-se ao Príncipe]* – Milorde, não seria de seu agrado seguir adiante? Eu mesmo e o meu bom Lorde de Buckingham vamos ter com a senhora sua mãe e pedir-lhe que o encontre na Torre para dar-lhe as boas-vindas.

York – Mas, como, você vai para a Torre, milorde?

Príncipe – O meu Lorde Protetor pensa ser indispensável que assim seja.

York – Eu não vou dormir sossegado na Torre.

Ricardo – Por quê? Do que é que você teria medo?

York – Ai de mim, o fantasma furioso do meu tio Clarence. Minha avó me disse que é onde ele foi assassinado.

Príncipe – Eu não tenho medo de tios mortos.

Ricardo – Nem de nenhum tio vivo, espero eu.

Príncipe – E eu espero, se estão vivos, não precisar ter medo deles. Mas, vamos, milorde: com o coração pesado, com o pensamento neles, vou para a Torre.

[Toque de clarins.]

[Saem o Príncipe, York, Hastings, Dorset e todos os outros, exceto Ricardo, Buckingham e Catesby.]

Buckingham – Não acha, milorde, que esse jovem York pequeno e tagarela pode ter sido instigado pela mãe, ela que é cheia de sutilezas, para ironizar e zombar de você dessa maneira desavergonhada?

Ricardo – Sem dúvida, sem dúvida. É um menino perspicaz, destemido, rápido de raciocínio, engenhoso, precoce, muito capaz. É em tudo a mãe, cuspido e escarrado.

Buckingham – Bom, vamos deixá-los descansar. Aproxime-se, Catesby. Você jurou solenemente agir no sentido que pretendemos, tanto quanto ocultar o que nós conversamos. Você está conhecedor de nossas razões, discutidas no caminho para cá. O que você pensa? Não se poderia com facilidade trazer Lorde Hastings para o nosso lado, para instalarmos esse nobre Duque no real trono desta famosa ilha?

Catesby – Ele, por causa do pai do príncipe, tem tanto amor a essa criança que não se tem como convencê-lo a coisa nenhuma contra ela.

Buckingham – O que você pensa então de Stanley? Não passaria ele para o nosso lado?

Catesby – Ele anda a par e passo com Hastings em tudo.

Buckingham – Bom, então, não há mais nada a fazer, senão isto: vá, gentil Catesby, e, como quem não quer nada, tente sondar Lorde Hastings, veja qual a disposição dele para com nosso propósito e convoque-o à Torre amanhã, para tomar parte nas decisões oficiais sobre a coroação. Se você achá-lo complacente com nossas ideias, encoraje-o e discorra sobre todos os nossos motivos. Se ele se mostrar apático, frio, relutante, gelado, mostre-se assim também e mude de assunto e nos dê notícia das intenções dele. Para amanhã estão convocados mais de um Conselho, onde você mesmo deve desempenhar função de alta importância.

RICARDO – Minhas recomendações para Lorde William. E diga a ele, Catesby, que o bando de seus perigosos e antiquíssimos adversários amanhã vai passar por uma sangria no Castelo de Pomfret, e peça ao meu bom lorde, em júbilo por tão boa notícia, que beije respeitosamente, ainda mais uma vez, a Senhora Shore.

BUCKINGHAM – Meu bom Catesby, vá e trate de desincumbir-se desse negócio com eficácia.

CATESBY – Meus bons lordes Gloucester e Buckingham, assim o farei, com todo o zelo de que sou capaz.

RICARDO – Vamos ter notícias suas, Catesby, antes de dormir?

CATESBY – Com certeza, milorde.

RICARDO – Em Crosby Place, é lá onde poderá nos encontrar.

[Sai Catesby.]

BUCKINGHAM – Agora, milorde, o que vamos fazer se percebermos que Lorde Hastings não concorda com o nosso plano arquitetado?

Ricardo – Lhe cortamos a cabeça, homem. Alguma coisa nós faremos. E cuide para que, quando eu for rei, você não se esqueça de me cobrar o condado de Hereford e o título de Conde, mais todos os bens móveis que eram do Rei meu irmão.[27]

Buckingham – Cobrarei essa promessa da mão de Sua Graça.

Ricardo – E cuide para que ela lhe seja concedida com toda a amabilidade. Venha, vamos jantar logo, para que depois possamos digerir de alguma forma os nossos planos arquitetados.

[Saem.]

---

27. Buckingham é o segundo Duque de Buckingham, neto do primeiro Duque de Buckingham, nomeado pelo rei Henrique VI. O rei Henrique IV (da Casa de Lancaster), em 1397, fora nomeado Duque de Hereford. Feudo e título depois passaram para a Casa de York. As terras de Hereford eram herança da esposa de Henrique IV – Mary, filha de Humphrey de Bohun, Conde de Hereford, Essex e Northampton. Sua irmã Eleanor casou-se com o Duque de Gloucester e Conde de Buckingham (e então também Conde de Essex em função do casamento). Eleanor teve uma filha cujo filho foi o primeiro Duque de Buckingham. Assim é que esta personagem da peça, o segundo Duque de Buckingham, reivindica para si as terras de Hereford e o respectivo título de Conde por terem sido terras do pai (Bohun) da avó (Eleanor) de seu avô (o primeiro Duque de Buckingham). (N.T.)

CENA II

Entra um Mensageiro até a porta de Lorde Hastings.

Mensageiro – Milorde! Milorde!

[Bate à porta.]

Hastings *[de dentro]* – Quem é que está batendo?

Mensageiro – Um enviado de Lorde Stanley.

Entra Hastings.

Hastings – Que horas são?

Mensageiro – Recém bateram as quatro.

Hastings – O meu bom Lorde Stanley não consegue dormir estas noites tediosas?

Mensageiro – Parece que não, pelo que tenho a dizer. Primeiro, ele manda suas recomendações.

Hastings – E depois?

Mensageiro – Depois, vem declarar ao senhor, milorde, que esta noite ele sonhou que o porco-bravo arrancou-lhe o elmo.[28] Fora isso, ele avisa que dois Conselhos estarão deliberando, e que em um deles podem ser tomadas decisões que podem levá-los, ao senhor e a ele, a deplorar o outro. Portanto, ele deseja saber se é de sua vontade, milorde, ir com ele a cavalo e logo, e com toda a pressa, a galope, em direção ao Norte, para afastar-se do perigo que sua alma adivinha.

Hastings – Vai, homem, vai, volta para o teu amo. Pede a ele que não tenha medo do Conselho dividido. Sua

---

28. Indumentária de Stanley para a cabeça. (N.T.)

Senhoria e eu mesmo estamos em uma das divisões e, na outra, está o meu bom amigo Catesby, onde nada pode suceder que nos afete sem que eu antes fique sabendo. Diz a ele que seus temores são infundados, não têm razão de ser. Quanto aos seus sonhos, fico me perguntando se ele é tão ingênuo a ponto de confiar no deboche de um sono agitado. Fugir do porco-bravo antes de o porco-bravo atacar seria atiçar o porco-bravo a correr no nosso encalço, criando uma perseguição onde não havia intenção de caça. Vai, pede ao teu mestre que saia da cama e venha ter comigo, e iremos os dois juntos até a Torre, onde ele verá que o porco-bravo saberá muito bem empregar os nossos serviços.

Mensageiro – Estou indo, milorde, contar a ele o que o senhor me disse.

[Sai.]

Entra Catesby.

Catesby – Muitos bons dias ao meu nobre senhor.

Hastings – Bom dia, Catesby. Cedo assim, e já está de pé. Que novas me traz você de nossa pátria cambaleante?

Catesby – Deveras, milorde; é um mundo instável, e acredito que jamais estará aprumado até que Ricardo use a guirlanda do reino.

Hastings – Como assim, a guirlanda? Você está se referindo à coroa do Rei?

Catesby – Sim, meu bom lorde.

Hastings – Prefiro que me decepem a cabeça a ver a coroa da Inglaterra em cabeça tão errada. Mas você acha que ele visa à coroa?

Catesby – Sim, por minha vida, e espera encontrá-lo, milorde, como mais um de seu partido, a favor de sua vitória, e por isso envia-lhe estas boas-novas: hoje mesmo os seus inimigos, os parentes da Rainha, devem morrer em Pomfret.

Hastings – Deveras, não me põe de luto uma notícia assim, porque eles foram desde sempre meus adversários. Mas usar a minha voz a favor de Ricardo para barrar os legítimos herdeiros em linha direta de meu mestre, o Rei? Deus sabe que, enquanto viver, isso eu não faço.

Catesby – Que Deus conserve Sua Senhoria na integridade de suas convicções.

Hastings – Mas ainda vou rir disso daqui a doze meses, pois viverei para ver o fim trágico daqueles[29] que me caluniaram perante meu mestre, o nosso Rei. Pois bem, Catesby: daqui a uma quinzena estarei mais velho e terei despachado alguns que nem mesmo sonham ter tal destino.

Catesby – É coisa infame, meu bondoso lorde, morrer despreparado e sem estar esperando o fim.

Hastings – Ah, monstruosa, monstruosa! E isso acontece com Rivers, Vaughan, Grey. E o mesmo com alguns outros homens que se pensam a salvo tanto quanto você e eu, e que, como você sabe, são caros ao principesco Ricardo e ao Lorde Buckingham.

Catesby – Ambos os príncipes o têm em alta conta. *[À parte:]* Pois contam com a cabeça dele bem no alto, no topo da Ponte de Londres.

Hastings – Estou sabendo, e sei que fiz por merecer.

---

29. Supostamente os parentes da Rainha. (N.T.)

Entra Stanley, Conde de Derby.

Ora, vamos: onde está a sua lança para caçar javalis, homem? Você está com medo do porco-bravo e vai assim, desprevenido?

STANLEY – Milorde, bom dia. Bom dia, Catesby. Pode fazer piada, mas, pela Cruz sagrada, eu não gosto dessa variedade de Conselhos, nem um pouco.

HASTINGS – Milorde, tenho tanto apreço à minha vida quanto você tem à sua, e nunca jamais em todos os meus dias, e isto eu lhe afirmo e reafirmo, foi a minha vida tão preciosa para mim quanto agora. Você pensa que, se não estou seguro de nossa situação, estaria eu assim com este ar triunfante?

STANLEY – Os lordes em Pomfret, quando partiram de Londres, estavam festejando e supunham-se seguros de sua situação e, deveras, não tinham razão alguma para estarem desconfiados. E, no entanto, você vê com que rapidez o dia se pode anuviar. Diante de um repentino e afiado golpe de rancor, eu suspeito alguma coisa. Queira Deus (é o que eu sempre digo) que esta minha desconfiança não passe de covardia inútil. Mas, então? Para a Torre? O dia já clareou.

HASTINGS – Vamos, sim. Leve-me com você. E, permita-me dizer, milorde: hoje, os lordes que você mencionou serão decapitados.

STANLEY – Eles, por sua lealdade, podem melhor portar suas cabeças do que alguns de seus acusadores sabem portar seus chapéus. Mas, vamos indo, milorde, vamos embora.

Entra Hastings, um passavante.

HASTINGS – Vá na frente. Vou dar uma palavrinha com esse meu conhecido.

[Saem Stanley e Catesby.]

Seja bem-vindo, Hastings. Como vão as coisas com você?

HASTINGS (passavante) – Melhores agora que o senhor teve a gentileza de perguntar.

HASTINGS – Pois eu lhe digo, homem: comigo, vão melhores as coisas agora do que em nosso último encontro, por sinal neste mesmo lugar. Naquele dia eu estava sendo levado prisioneiro para a Torre, por sugestão dos aliados da Rainha. Agora, posso lhe dizer (mas guarde este segredo consigo): hoje esses inimigos têm encontro com a morte, e eu me encontro em melhor situação do que nunca!

HASTINGS (passavante) – Que Deus o conserve assim, para a satisfação de Sua Senhoria.

HASTINGS – Muito obrigado, Hastings. Aqui, beba isto à minha saúde.

[Atira-lhe a sua bolsa de dinheiro.]

HASTINGS (passavante) – Agradeço a Sua Senhoria.

[Sai.]

Entra um Padre.

PADRE – É bom encontrá-lo, milorde; fico feliz em ver Sua Senhoria.

HASTINGS – Sou-lhe grato, meu bom Sir John, de todo o coração. Estou em dívida para consigo, pelo seu último ensinamento. Apareça no próximo sábado, e vou pagar-lhe o que devo.

[Sussurra algo em seu ouvido.]

Entra Buckingham.

Padre – Farei a vontade de Sua Senhoria.

[Sai o Padre.]

Buckingham – Então, falando com um padre, Lorde Chamberlain? Os seus amigos em Pomfret, eles sim, precisam de padre. Sua Senhoria não precisa de confissão e penitência agora já, certo?

Hastings – Meu Deus do Céu, quando encontrei com o santo homem, me veio à cabeça justamente a lembrança daqueles que você mencionou. Mas, está indo à Torre?

Buckingham – Sim, milorde, mas não posso me demorar por lá. Volto antes do senhor.

Hastings – É bem provável, pois fico lá para jantar.

Buckingham *[à parte]* – E para cear também, embora você não saiba. – Vamos lá. Você vem?

Hastings – Faço a vontade de Sua Senhoria.

[Saem.]

CENA III

Entram Sir Richard Ratcliffe, com Alabardeiros, conduzindo os nobres Rivers, Grey e Vaughan para a morte em Pomfret.

Ratcliffe – Adiante, tragam os prisioneiros.

Rivers – Sir Richard Ratcliffe, permita-me dizer-lhe o seguinte: hoje o senhor verá um súdito morrer pela verdade, pelo dever e pela lealdade.

Grey – Que Deus salve o Príncipe de vocês todos, bandidos! Não passam de uma ninhada de sanguessugas.

Vaughan – Que vocês tenham vida longa, para exclamarem-se de tanto arrependimento por isto e de agora em diante.

Ratcliffe – Tratem de se apressar! Expirou-se o tempo de vida dos senhores.

Rivers – Ah, Pomfret, Pomfret! Ah, tu, prisão sanguinária, fatal e ominosa para homens da nobreza! No confinamento criminoso dos teus muros, o Rei Ricardo II foi aqui retalhado por incontáveis golpes, e, para juntar ainda mais injúria ao teu prédio sinistro, nós te damos de beber o nosso sangue inocente.

Grey – Agora a maldição de Margaret abateu-se sobre as nossas cabeças, quando ela vociferou contra Hastings e contra vocês e contra mim, por não termos agido quando Ricardo apunhalou o filho dela.

Rivers – Depois ela amaldiçoou Ricardo, e depois amaldiçoou Buckingham, e depois amaldiçoou Hastings. Ah, lembrai-vos, Deus, de escutar as preces dessa mulher contra eles, como escutas agora as preces dela contra nós. Quanto à minha irmã e seus principescos filhos, satisfazei-vos, Senhor meu Deus, com o nosso sangue fiel, que, como vós sabeis, deve ser injustamente derramado.

Ratcliffe – Depressa, andando, que a hora da morte já passou.

Rivers – Venha, Grey; venha, Vaughan; vamos nos abraçar aqui na terra. E, até nos encontrarmos novamente no Céu, adeus.

[Saem.]

CENA IV

Entram Buckingham, Stanley (Conde de Derby), Hastings, o Bispo de Ely, Norfolk, Ratcliffe, Lovell, com outros, à mesa.

Hastings – Agora, meus nobres pares, a razão pela qual estamos aqui reunidos: determinar a coroação. Em nome de Deus, falai, senhores: quando será o dia da cerimônia real?

Buckingham – Está tudo preparado para a hora da cerimônia real?

Stanley – Está, e só falta a nomeação.

Ely – Amanhã então, julgo eu, será um dia feliz.

Buckingham – Quem sabe qual é a ideia do Lorde Protetor neste assunto? Quem tem mais intimidade com o nobre Duque?

Ely – Conforme pensamos nós, o senhor mesmo, Lorde Buckingham, muito em breve será conhecedor das ideias do Duque.

Buckingham – Nós conhecemos o rosto uns dos outros. Quanto aos nossos corações, ele não sabe mais do meu que eu do de vocês, senhores, ou que eu do coração dele, milorde, ou que o senhor do meu. Lorde Hastings, o senhor e o Duque têm uma grande amizade.

HASTINGS – Agradeço à Sua Graça, sei que ele me tem em grande apreço. Mas, quanto aos propósitos dele para a coroação, isso é assunto que ainda não sondei, e tampouco ele me adiantou a vontade de sua bondosa pessoa. Mas os senhores, meus honráveis lordes, podem decidir dia e hora, e, em nome do Duque, eu lhes dou o meu consentimento, o qual, presumo eu, ele acatará de bom grado.[30]

Entra Ricardo.

ELY – Em boa hora, aí vem o Duque em pessoa.

RICARDO – Meus nobres lordes e amigos, a todos um bom dia. Tenho sido um dorminhoco a vida inteira, mas quero crer que minha ausência não os tenha feito negligenciar um grande plano que, com a minha presença, poderia ter sido concluído.

BUCKINGHAM – Não tivesse o senhor aparecido na hora exata, milorde, e William, Lorde Hastings, teria se pronunciado em seu nome... quero dizer, votando pela coroação do Rei.

RICARDO – Nenhum homem poderia ter essa ousadia que não o meu Lorde Hastings. Sua Senhoria conhece-me bem, e me tem grande estima. Meu Lorde de Ely, quando estive da última vez em Holborn, constatei que o senhor tem morangos enormes no seu jardim; pois eu lhe peço, mande alguns para mim.

---

30. Ao Lorde Chamberlain cabia muitas vezes a função de porta--voz da família real, tanto no Conselho quanto no Parlamento. (N.T.)

Ely – Com certeza, farei isso, milorde, com o maior prazer.

Ricardo – Meu primo de Buckingham, uma palavrinha consigo. Catesby sondou Hastings quanto a nossas intenções... e encontra o nosso impertinente cavalheiro tão inflamado que prefere perder a cabeça a dar seu consentimento para o filho de seu mestre (como o chama em veneração) perder a realeza do trono da Inglaterra.

Buckingham – Retire-se por um momento; eu o acompanho.

[Saem Ricardo e Buckingham.]

Stanley – Ainda não decidimos qual o dia do triunfo. Amanhã, julgo eu, é cedo demais, pois eu mesmo não estou com todas as providências tomadas como estaria se a data fosse outra, mais adiante.

Entra o Bispo de Ely.

Ely – Onde está o meu lorde Duque de Gloucester? Mandei buscar os morangos.

Hastings – Sua Graça parece estar hoje de bom humor e afável. Tem uma ideia ou outra no pensamento, e é coisa que lhe apraz, quando ele nos deseja bom dia com elevado estado de espírito. Penso que em toda a Cristandade jamais houve homem que escondesse tão mal seu amor ou seu ódio como ele, pois é ver o seu rosto e já se sabe o que lhe vai no coração.

Stanley – O que de seu coração você lhe percebe no rosto por essa vivacidade que ele demonstra hoje?

Hastings – Ora, sabe-se que ele não está ofendido com nenhum homem aqui presente, pois, se estivesse, ele o teria demonstrado na expressão.

Stanley – Queira Deus que ele não esteja mesmo, é tudo que peço.

Entram Ricardo e Buckingham.

Ricardo – Eu lhes peço, digam-me o que merecem aqueles que conspiram pela minha morte com planos diabólicos de feitiçaria maldita, aqueles que dominaram o meu corpo com seus encantamentos infernais?

Hastings – O amor enternecido que dedico à Sua Graça, milorde, obriga-me a falar de pronto, na principesca presença de todos aqui, que os seus ofensores sejam condenados, independentemente de quem sejam. E diria mais, milorde: eles fizeram por merecer a morte.

Ricardo – Sejam então os seus olhos testemunha do mal que fazem. Veja como estou enfeitiçado! Olhe, meu braço parece um maldito e murcho rebento de árvore ressecado! E isto é a esposa de Eduardo, aquela bruxa monstruosa, em conluio com aquela outra, a lúbrica Shore, meretriz, que com suas feitiçarias assim me marcaram.

Hastings – Se elas cometeram esse ato, meu nobre lorde...

Ricardo – Se? Tu, protetor dessa meretriz desgraçada, vens me falar de "se"? Tu és um traidor. Cortem-lhe a cabeça! Agora, juro por São Paulo: não janto antes de vê-lo decapitado. Lovell e Ratcliffe, vejam que assim seja feito. Quanto aos outros que me têm amor, levantem-se e sigam-me.

> *[Saem todos, menos Lovell e Ratcliffe e Lorde Hastings.]*

Hastings – Infortúnios e mais infortúnios para a Inglaterra; e nem um pouquinho para mim... pois eu, crédulo demais, podia ter prevenido isso. Stanley sonhou com o porco-bravo tirando-lhe uma lasca do elmo, e eu escarneci disso e desdenhei-lhe o convite para fugir. Três vezes hoje meu cavalo, usando gualdrapa, tropeçou, e assustou-se e empinou quando avistou a Torre, como se odiasse levar-me ao abatedouro. Ah, eu agora preciso do padre que conversou comigo; eu agora me arrependo de ter dito ao passavante, achando que era meu o triunfo, como os meus inimigos hoje em Pomfret foram sanguinariamente chacinados, como eu mesmo estava em segurança, uma vez nas graças e na estima de quem interessa. Ah, Margaret, Margaret: agora tua pesada praga abateu-se sobre a miserável cabeça do pobre Hastings.

RATCLIFFE – Vamos, vamos, que o tempo urge: o Duque gostaria de estar jantando. Abrevie sua confissão. Ele deseja ver a sua cabeça.

HASTINGS – Ah, graça temporária dos mortais, nós te perseguimos mais a ti que à graça divina. Aquele que edifica suas esperanças no ar de tua boa aparência vive como marinheiro bêbado no mastro: pronto para cair, a cada vez que cabeceia, nas entranhas fatais do fundo do mar.

LOVELL – Vamos, vamos, que o tempo urge: de nada adianta exclamar-se.

HASTINGS – Ah, Ricardo, sanguinário! Inglaterra, coitada, para ti profetizo a mais horrenda de todas as horrendas épocas por que já passaste. Vamos, levem-me até o cepo; levem a ele minha cabeça. Sorriem agora para mim todos aqueles que em breve estarão mortos.

[Saem.]

CENA V

Entram Ricardo e Buckingham, armaduras estragadas, espantosamente disformes.

RICARDO – Vem, primo, me diz: consegues tremer e mudar de cor, perder o fôlego no meio de uma palavra e então começar de novo e parar de novo, como se tu estivesses atormentado e enlouquecido de medo?

BUCKINGHAM – Mas, ora, eu consigo imitar o profundamente trágico, falar e olhar para trás e lançar olhares desconfiados para tudo quanto é lado, tremer de susto ao roçar de uma palha, fingindo profunda desconfiança. Olhares medonhos estão às minhas ordens, tanto quanto sorrisos forçados, sempre a postos, para a qualquer momento abrilhantar os meus estratagemas. Mas, o que houve? Catesby foi embora?

Entram o Lorde Prefeito e Catesby.

RICARDO – Foi embora, sim, mas, olha, vem trazendo o Prefeito consigo.

BUCKINGHAM – Lorde Prefeito...

RICARDO – Olho na ponte levadiça!

BUCKINGHAM – Ouçam, um tambor!

RICARDO – Catesby, vigie os muros!

[Sai Catesby.]

BUCKINGHAM – Lorde Prefeito, a razão por que pedimos que viesse...

Entram Lovell e Ratcliffe, com a cabeça de Hastings.

Ricardo – Atrás de ti, cuidado. Cuida de tua defesa, são os inimigos chegando!

Buckingham – Que Deus e a nossa inocência nos livrem e nos guardem!

Ricardo – Calma, que são amigos: Ratcliffe e Lovell.

Lovell – Eis aqui a cabeça daquele ignóbil traidor, o perigoso e insuspeito Hastings.

Ricardo – Tanto, tanto eu gostava do homem que preciso chorar. Eu tinha certeza de que era a criatura mais simples e boa dentre todos os cristãos neste mundo. Fiz dele o meu diário, onde a minha alma registrava a história de todos os seus pensamentos secretos. Com tal hipocrisia maquiou ele o seu vício com mostras de virtude que, omitindo-se aquele seu pecado aparente e sabido de todos... quer dizer, suas intimidades com a esposa de Shore... ele vivia limpo, acima de qualquer suspeita.

Buckingham – Ora, bem, ele foi um traidor que soube se proteger e nos ludibriou a todos. Conseguem imaginar os senhores... pois, não fosse a intervenção divina, não estaríamos vivos para contar... que o sutil traidor hoje mesmo havia planejado, no prédio do Conselho, assassinar a mim e ao meu bom lorde de Gloucester?

Prefeito – Ele fez isso?

Ricardo – Mas, e você pensa que somos pagãos, ou hereges? Ou que fosse nosso desejo, contra a forma da lei, proceder com tanta pressa na morte do canalha? Foram o perigo extremo deste caso e a paz da Inglaterra e a segurança de nossas próprias pessoas que nos levaram a ordenar esta execução.

Prefeito – Que a sorte lhes sorria! Ele mereceu a morte que teve, e Suas Graças procederam muito bem, alertando falsos traidores contra tentativas similares.

Buckingham – Eu nunca mais esperei grandes coisas da parte dele, depois de uma vez metido com a Senhora Shore. E, no entanto, não foi nossa determinação que ele morresse antes de Sua Senhoria aqui chegar para testemunhar-lhe o fim, coisa que agora a amável pressa destes nossos amigos impediu... o que se deu contra as nossas intenções... porque, milorde, era de nosso gosto que o senhor pudesse ter ouvido o traidor falar, timidamente confessando o percurso e o propósito de suas traições, para que o senhor pudesse contar o mesmo aos cidadãos que por acaso possam interpretar-nos mal e prantear-lhe a morte.

Prefeito – Mas, meu bom lorde, as palavras de Suas Graças valem como se eu tivesse lhe testemunhado o fim, escutando-lhe a confissão. E não tenham dúvidas, corretos e nobres príncipes, de que informarei aos nossos leais cidadãos sobre todos os seus justos procedimentos neste caso.

Ricardo – Pois para este fim queríamos Sua Senhoria aqui, para evitar as críticas de um mundo difícil de contentar.

Buckingham – Mas, uma vez que o senhor chega tarde demais para nosso intento, pelo menos seja testemunha do que lhe contamos ser o nosso intento. E assim, meu bom Lorde Prefeito, agora nos despedimos.

[Sai o Lorde Prefeito.]

Ricardo – Corra, vá atrás dele, primo Buckingham. O Prefeito apressa-se rumo ao Guildhall,[31] e vai em velocidade máxima. Lá chegando, você espera o momento mais propício e dá a entender a bastardia dos filhos de Eduardo.

---

31. Prédio da prefeitura de Londres. (N.T.)

Conte a todos como Eduardo ordenou a morte de um cidadão simplesmente porque ele disse que faria do filho herdeiro da Coroa... referindo-se, na verdade, à sua própria casa, que, pelo emblema, tinha justo esse nome: Coroa. Além disso, denuncia-lhe a luxúria odiosa, o apetite bestial sempre o levando a experimentar novidades, coisa que se estendia aos serviçais dos cidadãos, suas filhas e esposas, sempre que seu olhar lascivo e seu coração selvagem, descontrolados, desejassem fazer uma vítima. Também, se houver necessidade, você pode mesmo chegar próximo do meu nome: conte-lhes que, quando minha mãe engravidou com esse insaciável Eduardo, meu principesco pai, o nobre York, achava-se então em França, na guerra, e, procedendo ao justo cômputo desse tempo, descobriu que o rebento não era de sua progênie, coisa que se revelou bem em seus traços, sendo ele em nada parecido com o nobre Duque meu pai. Mas... mencione isso assim muito vagamente, em doses comedidas... porque, como o senhor sabe, milorde, minha mãe está viva.

Buckingham – Com certeza, milorde. Desempenharei o papel do orador como se a coroa que queremos por recompensa e pela qual estou lutando fosse para mim mesmo. Agora, milorde, adeus.

Ricardo – Se você for bem-sucedido, traga-os até o Castelo de Baynard,[32] onde vocês me encontrarão bem-acompanhado de reverendos padres e bispos de grande erudição.

Buckingham – Estou de saída, e, lá pelas três ou quatro horas, procure por notícias oriundas de Guildhall.

[Sai.]

---

32. Às margens do rio Tâmisa. (N.T.)

Ricardo – Vá, Lovell, o mais rápido possível, até o Doutor Shaw. *[Dirigindo-se a Ratcliffe:]* Vá você até o Frei Penker. Peçam aos dois que me encontrem daqui a uma hora no Castelo de Baynard.

[Saem Ratcliffe e Lovell.]

Agora vou em sigilo providenciar para que os fedelhos de Clarence sejam levados para onde ninguém os veja, e darei ordens para que absolutamente ninguém, em momento algum, tenha acesso aos Príncipes.

[Sai.]

CENA VI

Entra um escrivão com um papel em mãos.

Escrivão – Eis aqui o indiciamento do nosso bom Lorde Hastings, lavrado como deve ser em caligrafia oficial, letra legível e de bom tamanho, para que possa ser lida em voz alta hoje na Saint Paul's Cathedral.[33] Notável, como as coisas se encadeiam e se encaixam: onze horas eu gastei para copiar o documento, pois ontem à noite enviaram-me o original por intermédio de Catesby. O anterior também tinha levado outras tantas horas para ser redigido. E, no entanto, não tem mais que cinco horas, Hastings ainda estava vivo, imaculado, inquestionado, livre, em total liberdade. Belo mundo, este em que vivemos! Quem pode ser tão obtuso a ponto de não

---

33. Principal catedral de Londres. (N.T.)

ver artimanha assim palpável? Mas, por outro lado, quem seria peitudo a ponto de dizer que está vendo? Porcaria de mundo, e tudo vai dar em nada, já que uma falcatrua dessas somos forçados a reconhecer apenas em pensamento.

[Sai.]

CENA VII

Entram Ricardo e Buckingham, saídos de portas diferentes.

RICARDO – E então? E agora? O que dizem os cidadãos?

BUCKINGHAM – Agora, pela Santa Mãe de Deus, os cidadãos ficaram mudos, não proferem uma única palavra.

RICARDO – Você tocou no assunto da bastardia dos filhos de Eduardo?

BUCKINGHAM – Sim, e falei também do contrato de casamento que ele tinha com Lady Lucy,[34] e do possível contrato por procuração em França,[35] e da insaciável ganância de seus desejos, e de como ele se impunha à força para as mulheres dos cidadãos. Falei de sua tirania por insignificâncias; de sua própria origem bastarda, tendo sido gerado enquanto o senhor seu pai encontrava-se em

---

34. Eduardo estava noivo de Elizabeth Lucy à época em que se casou com Elizabeth Grey. (N.T.)

35. À mesma época, um casamento real estava sendo arranjado pelo Conde de Warwick para ele em França, com Bona de Saboia. (N.T.)

França, e da falta de parecença, sendo ele tão diferente do Duque de York. Além disso, aleguei que os seus traços, milorde, formam a exata cópia do senhor seu pai, não só na forma, como também na nobreza de espírito; expus todas as suas vitórias na Escócia, a sua disciplina na guerra e sabedoria em tempos de paz, sua generosidade, virtude, humildade; enfim, não deixei de fora nada que fosse conveniente ao seu propósito, e a tudo enfatizei. E, quando a minha oratória chegou ao seu desfecho, pedi a todos aqueles que têm amor ao bem do seu próprio país que gritassem "Deus salve Ricardo, Rei da Inglaterra!".

RICARDO – E eles gritaram?

BUCKINGHAM – Não! Que Deus me ajude, não disseram palavra e ficaram como estátuas mudas, pedras que respiram, olhando uns para os outros, todos de uma palidez mortal. Quando vi isso, eu os censurei e perguntei ao Prefeito qual o significado daquele silêncio obstinado, e ele me respondeu: o povo não recebe notícias de outra pessoa que não o magistrado com jurisdição civil da cidade. Foi ele instado a repetir o meu discurso: "Assim falou o Duque; assim alegou o Duque"... e repetiu tudo sem responsabilizar-se por uma única palavra. Quando terminou, alguns de meus seguidores, de uma ponta do salão, jogaram para o ar os seus chapéus, e umas dez vozes gritaram "Deus salve o Rei Ricardo!". E, assim, aproveitei essas poucas vozes: "Agradeço aos nobres[36] cidadãos e amigos", disse eu; "Esse aplauso geral e os vivas animados provam a sua sabedoria e declaram o seu amor por Ricardo". E nesse ponto dei por finda a minha participação e vim embora.

---

36. Não que fossem da nobreza; Buckingham está querendo, com esta escolha de vocábulo, lisonjear os ali presentes que deram vivas a Ricardo. (N.T.)

Ricardo – Mas, como, viraram todos matacões, desprovidos de língua? Recusando-se a falar! E o Prefeito e seus confrades, não vêm falar comigo?

Buckingham – O Prefeito já está aqui. Finja estar sentindo um certo temor. Não permita que ele lhe dirija a palavra, a não ser por súplica poderosa. E veja que você tenha na mão um livro de orações, e posicione-se entre dois clérigos, milorde, pois nessas bases construirei um sermão edificante. E não se renda com facilidade aos nossos pedidos; faça o jogo da donzela: sempre responda não ao mesmo tempo em que vai cedendo.

Ricardo – Agora eu vou, e, se você argumentar e persuadir em nome deles tão bem quanto eu souber dizer não a você em meu próprio nome, sem dúvida vamos trazer este assunto a um final feliz.

Buckingham – Vá, agora suba, que o Lorde Prefeito bate à porta.

[Sai Ricardo.]

Entram o Lorde Prefeito de Londres e cidadãos.

Bem-vindo, milorde. Estou esperando diligentemente. Penso que o Duque não deseja receber ninguém em audiência.

Entra Catesby [acima, no mezanino].

E então, Catesby, o que responde o nosso lorde ao meu pedido?

Catesby – Ele pede encarecidamente que Sua Graça, meu nobre lorde, venha visitá-lo amanhã, ou depois. Ele se encontra recolhido, com dois reverendos padres, ajoelhados em meditação divina, e nenhuma questão mundana pode comovê-lo a ponto de afastá-lo de sua prática sagrada.

Buckingham – Volte, meu bom Catesby, até o bondoso Duque. Diga a ele que eu, o Prefeito e autoridades municipais, em profundos desígnios, em assunto de alta relevância, não menos importante que o bem-estar geral, viemos confabular com Sua Graça.

Catesby – Comunicarei à Sua Graça exatamente isso, agora mesmo.

[Sai.]

Buckingham – Arrá, milorde, este príncipe não é nenhum Eduardo; não está refestelando-se na luxúria de leitos alheios, mas encontra-se meditando, de joelhos; não distraindo-se com uma parelha de cortesãs, mas meditando com dois homens santos e versados; não dormindo, que faz o corpo ocioso engordar, mas rezando, que é para engrandecer sua alma desperta. Ditosa seria a Inglaterra, quisesse este virtuoso Príncipe tomar a si a direção do estado soberano. Mas, infelizmente, temo que não conseguiremos convencê-lo a tanto.

Prefeito – Deveras! Deus que nos livre de Sua Graça dizer-nos não.

Buckingham – Receio que seja este o caso.

Entra Catesby.

E então, Catesby, o que diz Sua Graça?

Catesby – Ele não imagina por que o senhor reuniu uma tropa de cidadãos para vir até aqui conversar com ele, sem que Sua Graça tenha sido informado com antecedência. Ele teme, milorde, que os seus intentos não sejam os melhores para ele.

Buckingham – Fico sentido que o meu nobre primo suspeite que meus intentos não sejam os melhores para ele. Pelos céus, aqui estamos porque a ele devotamos grande amor. Portanto, volte a ele uma vez mais e diga isso a Sua Graça.

[Sai Catesby.]

Quando os homens devotados à religião de um modo sagrado estão rezando o terço, não é pouca coisa afastá-los de sua rotina, tal é a doçura de seu zeloso ato de contemplação.

Entra Ricardo [acima, no mezanino], entre dois bispos, com Catesby.

Prefeito – Vejam onde está Sua Graça: entre dois do clero!

Buckingham – Dois pilares de virtude para um Príncipe Cristão, para defendê-lo de cair na vaidade. E, vejam, um livro de orações na mão... Verdadeiros ornamentos pelos quais se pode detectar um homem santo. Famoso Plantageneta, boníssimo Príncipe, empreste um ouvido generoso aos nossos pedidos e perdoe-nos por interrompermos o seu momento de devoção e de zelo altamente cristão.

Ricardo – Milorde, não há por que desculparem-se. Sou eu quem peço a Sua Graça que me perdoe, pois... no fervor a serviço de Deus... retardei-me em atender à visita de meus amigos. Mas, deixando isso de lado, o que posso fazer por Sua Graça?

Buckingham – O mesmo que, suponho eu, você pode fazer pelo Altíssimo e por todos os homens de bem desta ilha desgovernada.

Ricardo – Receio ter cometido algum delito que se apresenta desagradável aos olhos da Cidade. E agora os senhores aqui estão para repreender minha ignorância.

Buckingham – Cometeu, sim, milorde. E aqui estamos para requisitar de Sua Graça a gentileza de ceder aos nossos pedidos a fim de reparar o seu erro.

Ricardo – Por que outra razão respiro eu em terras cristãs?

Buckingham – Saiba, então, que o seu erro é renunciar ao supremo assento: o trono majestático, o cargo que carrega o cetro de seus ancestrais, a eminência de sua posição e o direito que é seu de berço: a glória da estirpe da real Casa de York, em favor de uma linhagem corrompida e maculada. Enquanto você se encontra na placidez da sonolência de seus pensamentos... e nós viemos acordá-lo para o bem de nosso país... a esta nobre ilha falta andar por suas próprias pernas. A face desta ilha está desfigurada pelas cicatrizes da infâmia. A família real recebeu em seu tronco herdeiros de plantas ignóbeis e quase foi enfiada à força na goela do escuro esquecimento e do oblívio profundo, o que deve ser reparado, e, para tanto, aqui solicitamos sinceramente que a sua bondosa pessoa assuma o comando e como rei governe este seu país; não como Lorde Protetor, procurador, substituto, ou representante secundário para o ganho de outro, mas por ordem de sucessão e herança de sangue, pelo direito que é seu desde o berço, seu império, de você mesmo. Para tanto, junto com os cidadãos... seus amigos devotados e dedicados, e por eles veementemente instigado... venho eu persuadir Sua Graça desta mais que justa causa.

Ricardo – Não sei dizer qual dos dois, retirar-me em silêncio ou dirigir-lhe palavras amargas de reprovação, é o mais apropriado para o meu cargo e para a sua condição. Se não respondo, vocês podem vir a pensar que a muda ambição, ao não retrucar, cedeu à ideia de carregar nos ombros o jugo dourado de um reinado que vocês, de modo tão afetuoso, querem impor à minha pessoa. Se repreendo os senhores por essa sua demanda, temperada como ela está por sua amorosa lealdade a mim, então estou repelindo os amigos. Assim é que, para falar, evitando a primeira hipótese, e, ao falar, não incorrendo na segunda, digo aos senhores o que é definitivo: o amor que vocês me têm merece o meu muito obrigado, mas não sou merecedor de tão alta petição. Primeiro, porque, se todos os obstáculos tivessem sido removidos e estivesse aplainado o meu caminho para o trono, como herança caindo de madura e por direito de nascença, mesmo assim, a minha pobreza de espírito é tanta, tão fortes e tantos são os meus defeitos que prefiro esconder-me de minha grandeza... sou embarcação para riacho, não para mar aberto... em vez de, na minha grandeza, ansiar por me ver escondido, oculto nas brumas da minha glória. Mas, e dou graças a Deus, não faço falta... e muito me faltaria, para ajudá-los, se fosse preciso. A árvore da realeza deixou-nos frutos principescos, e o mais velho, amadurecendo com o tempo que não para para ninguém, combinará muito bem com o trono da Inglaterra e, sem dúvida, nos fará felizes com seu reinado. Sobre os ombros dele coloco o que vocês desejavam colocar nas minhas costas: o direito e a fortuna de sua boa estrela; Deus me livre de vir a subtrair isso dele.

BUCKINGHAM – Milorde, isso revela que Sua Graça tem uma consciência; mas os fatos são desimportantes e triviais, considerando-se bem todas as circunstâncias. Você diz que Eduardo é o filho de seu irmão; nós dizemos o mesmo... mas não é filho da esposa de Eduardo. Porque, primeiro, houve contrato de casamento dele com Lady Lucy (a senhora sua mãe ainda é viva e pode testemunhar a existência desse compromisso), e depois, por procuração, ficou ele comprometido com Bona, irmã do Rei de França. Desprezadas as duas, chega uma pobre requerente, a mãe cansada de muitos filhos, viúva angustiada, a beleza em decadência, verdadeiramente no entardecer de seus melhores dias, e transforma em presa e prêmio o olhar lúbrico de Eduardo, atrai os altos voos de seu título para o mais baixo ponto de um infame declive em odiosa bigamia.[37] Com ela, em sua cama ilícita, ele gerou esse Eduardo, a quem nossas boas maneiras chamam de Príncipe. Mais amarga poderia ser esta minha expostulação, salvo que, por reverência e para poupar pessoa ainda viva, imponho limites à minha fala. Portanto, meu bom lorde, tome a si este benefício ofertado de tanta dignidade; se não para nos tornar abençoados a nós e ao nosso país, que seja então para desviar sua nobre linhagem da corrupção de tempos abusivos para uma trajetória sucessiva linear e legitimamente originada.

PREFEITO – Faça isso, meu bom lorde. Os seus cidadãos assim lhe pedem.

BUCKINGHAM – Não rejeite, poderoso lorde, este amor ofertado.

---

37. Além de listar os noivados anteriores, Buckingham também pode estar aludindo à lei canônica, que considerava bigamia casar-se com uma viúva. (N.T.)

Catesby – Ah, senhor, faça-os felizes; aceite esse legítimo pedido de todos.

Ricardo – Ai de mim! Por que os senhores iriam querer amontoar essa carga sobre os meus ombros? Não sou adequado para ser governante ou majestade. Eu lhes peço, e não me interpretem mal: não posso e não quero ceder a esse seu pedido.

Buckingham – Se você rejeitá-lo, pois por amor e zelo detestaria depor o menino, filho de seu irmão... posto que bem conhecemos a delicadeza de seu coração e sua gentil, generosa e feminina compaixão, por nós observadas na sua pessoa em relação aos seus parentes, e não menos em relação a todo tipo de gente... ainda assim, saiba que, aceitando ou não o nosso pedido, o filho de seu irmão jamais governará como nosso rei, pois colocaremos outro no trono, para desgraça e queda da Casa de York. É com essa resolução que nos despedimos. Venham, cidadãos. Com os diabos, eu é que não vou mais suplicar.

Ricardo – Ah, não pragueje, meu lorde de Buckingham!

[Saem Buckingham, o Lorde Prefeito e os Cidadãos.]

Catesby – Chame-o de volta, doce Príncipe. Aceite o pedido. Se o senhor se negar, o país inteiro vai se arrepender.

Ricardo – Vocês querem me pôr à força em um mundo de preocupações? Chame-os de volta. Não sou feito de pedra, sou permeável aos seus bondosos pedidos, embora contra a minha consciência e a minha alma.

Entram Buckingham e os outros.

Meu primo de Buckingham, e demais homens de sabedoria lapidar: uma vez que os senhores desejam atrelar às minhas costas a sorte, para que eu lhe carregue o fardo (querendo ou não), devo ter paciência para suportar a carga. Mas, se a escuridão de uma desgraça ou a imundície de uma vergonha acompanharem as consequências de sua imposição, o simples fato de os senhores me terem forçado a esta decisão será o bastante para redimir-me de todas as manchas e impurezas, pois Deus é testemunha, e os senhores podem em parte ver: o quão distante estou de querer tal coisa.

Prefeito – Que Deus abençoe Sua Graça. Sim, nós podemos ver, e disso falaremos a todos.

Ricardo – Quando falarem, os senhores devem dizer tão-somente a verdade.

Buckingham – Eu o saúdo com o título real: Vida longa a Ricardo, valoroso Rei da Inglaterra!

Todos – Amém.

Buckingham – Seria de vosso agrado ser coroado Rei amanhã?

Ricardo – Quando for do agrado de vocês, pois são os senhores que estão querendo isso.

Buckingham – Amanhã então faremos companhia a Vossa Graça. E assim nos despedimos, bem satisfeitos que estamos.

Ricardo – Vamos, retomemos o nosso serviço sagrado. Adeus, primo. Adeus, nobres amigos.

[Saem.]

QUARTO ATO

CENA I

Entram a Rainha Elizabeth, a Duquesa de York e o Marquês de Dorset, por uma porta; entra Anne (Duquesa de Gloucester), por outra porta, com a filha de Clarence.

Duquesa – Quem vem nos encontrar? Minha neta Plantageneta, pela mão de sua amável tia de Gloucester. Ora, por minha vida, ela está andando para a Torre, movida pelo amor de seu coração puro, para dar as boas-vindas ao jovem Príncipe. Minha filha, que bom encontrá-la.

Anne – Que Deus conceda a Suas Graças um dia venturoso e alegre.

Elizabeth – A você também, minha boa cunhada. Estão indo para onde?

Anne – Só até ali a Torre, e, suponho eu, com a mesma e devotada afeição que vocês, para levar nossas saudações aos nobres Príncipes que lá estão.

Elizabeth – Minha boa cunhada, eu lhe agradeço. Vamos entrar todos juntos.

Entra Brakenbury.

Em boa hora, eis que chega o Tenente. Meu mestre Tenente, poderia por favor me dizer como estão o Príncipe e o meu jovem filho, Duque de York?

Brakenbury – Muito bem, minha cara senhora. Peço-lhes paciência, não posso permitir que os visitem. O Rei deu ordens estritas em contrário.

Elizabeth – Rei? Mas que Rei?

Brakenbury – Quero dizer, o Lorde Protetor.

Elizabeth – Que Deus não permita, ele usar o título de majestade! Ele coloca barreiras entre o amor deles e a minha pessoa? Eu sou a mãe! Quem vai me barrar de estar com eles?

Duquesa – Eu sou a mãe do pai deles! E desejo vê-los.

Anne – Sou por lei a tia, e meu amor por eles é maternal. Leve-me, portanto, até eles. Eu assumo a culpa e tomo para mim a sua função, e abraço os riscos.

Brakenbury – Não, minha boa senhora; eu não posso permitir tal coisa. Dei minha palavra de honra; portanto, perdoe-me.

[Sai.]

Entra Stanley (Conde de Derby).

Stanley – Daqui a uma hora estarei cumprimentando-as, senhoras, e saudarei Sua Graça, Duquesa de York, sogra e observadora de duas belas rainhas. *[Dirigindo-se a Anne:]* Depressa, madame, a senhora deve dirigir-se agora mesmo até Westminster, para lá ser coroada Rainha, como esposa do Rei Ricardo.

Elizabeth – Ah, cortem os cordões que me ajustam o vestido; meu coração enclausurado precisa de espaço para bater, senão vou desmaiar com essa notícia venenosa.

Anne – As novas são desprezíveis! Ah, notícia insultante!

Dorset – Coragem, minha mãe. Como está se sentindo Sua Graça?

Elizabeth – Ah, Dorset, não percas tempo falando comigo: vai-te embora. A morte e a destruição já estão no teu encalço. O nome de tua mãe é ameaçador para os filhos. Se queres deixar a morte para trás, vai, atravessa os mares e vai morar com Richmond,[38] longe do alcance deste inferno. Vai, apura, foge deste matadouro, se não queres fazer aumentar o número de mortos, se não queres me ver morrer atada à maldição de Margaret: nem mãe, nem esposa, nem Rainha estimada da Inglaterra.

Stanley – Pleno de sábia preocupação este seu conselho, madame. *[Dirigindo-se a Dorset:]* Tire vantagem urgente das horas. Pode contar com cartas minhas, de recomendações sobre a sua pessoa ao meu filho,[39] para que ele vá encontrá-lo no caminho. Vá, que o tempo urge, não se deixe atrasar.

Duquesa – Ai, essa maldade miserável espalhando-se aos quatro ventos! Ai, meu ventre amaldiçoado, berço de morte! Uma serpente tu presenteaste ao mundo, e ela tem um olhar inescapável e criminoso.

Stanley – Vamos, madame, vamos indo. Fui enviado até aqui com a maior urgência.

Anne – E eu vou com a maior falta de vontade. Ah, tomara Deus a grinalda de áureo metal que deve circundar minha cabeça fosse ferro em brasa, para calcinar-me a

---

38. Henrique Tudor, o Conde de Richmond, está na França. (N.T.)

39. Lorde Stanley, Conde de Derby, na verdade é padrasto, por ser casado com a mãe de Richmond. (N.T.)

testa e os miolos. Quero ser ungida com veneno letal e morrer antes que se possa pronunciar "Deus salve a Rainha".

ELIZABETH – Vamos, vamos. Pobre alma, eu não te invejo a glória. Faça-me um favor, não deseje nenhum mal a si mesma.

ANNE – Não? Por quê? Quando aquele que agora é o meu marido se aproximou de mim enquanto eu acompanhava o corpo do Rei Henrique; quando ele mal havia lavado de suas mãos o sangue que jorrou do meu outro marido (um anjo, ele); e aquele santo e estimado homem que naquela hora eu acompanhava; ah, quando... eu lhe digo... olhei o rosto de Ricardo, meu único desejo era este: "Sejas tu", recitei eu, "amaldiçoado por fazer de mim, tão novinha, uma viúva tão envelhecida; e, quando te casares, que a tristeza apareça para assombrar o teu leito; e seja a tua mulher (se alguma for louca a esse ponto) mais desgraçada pela tua vida do que tu me fizeste desgraçada pela morte do meu amado amo e senhor". E, veja, antes que eu pudesse repetir a praga contra ele uma vez mais, num tempo tão curto, o meu coração de mulher estupidamente caiu cativo das doces palavras dele e aqui está, provando ser o alvo da maldição de minha própria alma, maldição que até agora tem mantido sem descanso os meus olhos, pois nunca, em momento algum, nem por uma única hora, na cama dele pude usufruir do bálsamo dourado do sono sem que fosse sempre acordada pelos sonhos dele, repletos de medo e temor. Além disso, ele me odeia por causa de meu pai, Conde de Warwick, e vai querer, sem dúvida, livrar-se de mim em breve.

ELIZABETH – Pobre coração, adeus. Sinto pena das suas dores.

ANNE – Não mais que eu, do fundo da minha alma, sinto-me enlutada por suas dores.

DORSET – Adeus, senhora, vós que acolheis com pesar a glória.

ANNE – Adeus, pobre alma, vós que dela estais vos despedindo.

DUQUESA *[dirigindo-se a Dorset]* – Vá ter com Richmond, e que a boa sorte te guie. *[Dirigindo-se a Anne:]* Vá ter com Ricardo, e que os anjos bons te guardem. *[Dirigindo-se a Elizabeth:]* Vá para o santuário, e que os bons pensamentos tomem conta de ti. Eu, para a minha cova, onde a paz e o descanso dormem comigo. Mais de oitenta anos de tristeza foi o que eu vi, e a alegria de uma hora sempre se arruinou com o sofrimento de uma semana.

ELIZABETH – Fique, e olhe comigo, uma última vez, para a Torre. Ó tu, castelo de pedras tão antigas, tem pena dessas crianças tão novinhas, a quem a inveja emparedou dentro dos teus muros... berço áspero para esses dois, tão pequenos, tão bonitinhos; babá severa e rude; companhia velha e carrancuda para dois meigos príncipes, cuida bem dos meus filhos queridos. E assim a dor absurda despede-se das tuas pedras.

[Saem.]

CENA II

Os clarins anunciam a chegada do Rei. Entra Ricardo, com pompa e circunstância, coroado. Entram também Buckingham, Catesby, Ratcliffe, Lovell e outros nobres e um Pajem.

REI RICARDO – Abram caminho, afastem-se todos. Meu primo Buckingham!

BUCKINGHAM – Meu bondoso soberano!

REI RICARDO – Dá-me tua mão.

[Neste ponto, ele sobe ao trono. Soam os clarins.]

Assim alto, por orientação tua e com a tua ajuda, senta-se o Rei Ricardo. Mas estaremos vestindo este esplendor por um só dia, ou será que ele vai durar, e com ele nos alegraremos?

BUCKINGHAM – Que viva o esplendor para sempre, e que dure uma eternidade!

REI RICARDO – Ah, Buckingham, agora eu faço as vezes da pedra de toque e testo para ver se tu és, deveras, ouro legítimo. O jovem Eduardo está vivo... pensa agora o que eu diria.

BUCKINGHAM – Continue, amável senhor.

REI RICARDO – Ora, Buckingham, eu diria que desejo ser Rei.

BUCKINGHAM – Ora, mas isso o senhor já é, meu triplamente renomado senhor.

REI RICARDO – Ah, sou Rei? É mesmo... mas Eduardo está vivo.

Buckingham – É verdade, nobre Príncipe.

Rei Ricardo – Ah, amarga inevitabilidade, que Eduardo ainda esteja vivo... um príncipe verdadeiramente nobre! Primo, tu não costumavas ser tão obtuso. Devo explicar-me com todas as letras? Quero os dois bastardinhos mortos, e gostaria que isso fosse providenciado com rapidez. O que me dizes agora? Fala de uma vez e sê breve.

Buckingham – Sua Graça pode fazer tudo o que desejar.

Rei Ricardo – Ora, ora, tu viraste uma pedra de gelo; tua afabilidade congelou-se. Quero que me digas se concordas comigo, que eles precisam morrer.

Buckingham – Deixe-me recuperar o fôlego, dê-me um momento, caro senhor, antes que eu faça qualquer afirmação sobre esse assunto. Trarei uma resolução para o senhor em seguida.

[Sai.]

Catesby – O Rei está irado. Vejam, está mordendo o lábio.

Rei Ricardo *[à parte]* – Vou ter de conversar com tolos de inteligência curta e vontade férrea; com jovens que não prestam atenção; nenhum me serve, desses que me observam com olho crítico. Buckingham, ambicioso, está ficando circunspecto. Rapaz!

Pajem – Sim, milorde?

Rei Ricardo – Não conheces por acaso um homem a quem o ouro possa corromper para que fique tentado a realizar proeza secreta e cruel, tipo matar?

Pajem – Sei de um cavalheiro insatisfeito, cujos recursos não estão à altura de seu altivo espírito. O ouro falaria em seus ouvidos tão bem quanto vinte dos grandes oradores e conseguiria tentá-lo, sem dúvida, a fazer qualquer coisa.

Rei Ricardo – E qual é o nome dele?

Pajem – O nome, milorde, é Tyrrel.

Rei Ricardo – Eu mais ou menos sei quem é. Vá chamá-lo.

[Sai o Pajem.]

[À parte:] Buckingham, esperto, mergulhado em ponderações, agora deixa de ter acesso aos meus pensamentos. Por tanto tempo resistiu ele comigo e contra todos, sem descanso, e agora se detém para tomar fôlego! Bem, que assim seja.

Entra Stanley (Conde de Derby).

E então, Lorde Stanley, quais são as novas?

Stanley – Saiba, milorde, que o Marquês de Dorset, segundo ouvi dizer, fugiu para juntar-se a Richmond, na região onde ele mora.

Rei Ricardo – Aproxime-se, Catesby. Espalhe um rumor para todo lado: Anne, minha senhora, está muito gravemente enferma. Darei ordens para que ela fique recolhida. Descubra-me algum cavalheiro nobre e pobre e insignificante, que preciso casá-lo imediatamente com a filha de Clarence. O menino é um bobo, e não me põe medo. Olhe só, você está sonhando acordado! Repito: espalhe a notícia da doença de Anne, minha Rainha, que está à beira da morte. Vamos, mexa-se, pois é imperativo que eu faça estancar todas as esperanças que, ao se avolumarem, possam vir a me prejudicar.

[Sai Catesby.]

Preciso me casar com a filha[40] do meu irmão; do contrário, o meu reinado sustenta-se em gelo fino. Mato-lhe os irmãos e então me caso com ela. Modo incerto de obter um ganho! Mas agora já fui tão fundo em sangue que um pecado suscita outro. Não há compaixão lacrimosa que habite os meus olhos.

Entra Tyrrel.

Teu nome é Tyrrel?

TYRREL – James Tyrrel, vosso mais obediente súdito.

REI RICARDO – É mesmo?

TYRREL – Podeis testar-me, meu bondoso lorde.

REI RICARDO – Estarias disposto, então, a matar um amigo meu?

TYRREL – Se for de vosso gosto; mas prefiro matar dois de vossos inimigos.

REI RICARDO – Ora, mas então tu já os tem: dois grandes inimigos, antagonistas do meu repouso, perturbadores das minhas doces horas de sono; eu gostaria que tu desses um jeito nestes dois. Tyrrel, estou falando dos bastardos que estão na Torre.

TYRREL – Dai-me acesso irrestrito a eles, e eu logo vos livrarei de vosso temor.

REI RICARDO – Teu canto é doce música. Escuta, vem cá, Tyrrel: toma este sinal. Levanta, e empresta-me teu ouvido.

---

40. Elizabeth de York, filha do rei Eduardo IV (irmão mais velho do rei Ricardo III) e da Rainha Elizabeth; irmã dos príncipes Eduardo (rei Eduardo V) e Ricardo (Duque de York). (N.T.)

[Sussurra-lhe ao ouvido.]

Isso é tudo. Diz-me que está feito, e terás minha afeição, e serás o meu súdito favorito.

Tyrrel – Vou dar andamento à questão agora mesmo.

[Sai.]

Entra Buckingham.

Buckingham – Milorde, pensei bastante acerca deste último pedido sobre o qual me consultou.

Rei Ricardo – Bem, deixe isso para lá. Dorset fugiu para junto de Richmond.

Buckingham – Fiquei sabendo da notícia, milorde.

Rei Ricardo – Stanley, ele é o filho de sua esposa[41]. Pois bem, averigúe isso.

Buckingham – Milorde, venho cobrar-lhe o presente que a mim o senhor prometeu, uma promessa na qual estão comprometidas a sua honra e a sua lealdade: o condado de Hereford, e os bens móveis que o senhor garantiu que passariam a ser propriedade minha.

Rei Ricardo – Stanley, preste atenção à sua mulher; se ela enviar cartas para Richmond, você responderá por isso.

Buckingham – O que diz Vossa Alteza com relação ao meu justo pedido?

---

41. Margaret Beaufort, casada em primeiras núpcias com Edmund Tudor, Conde de Richmond, meio-irmão de Henrique VI, por parte de mãe. Viúva, casou-se com Sir Henry Stafford. Viúva novamente, casou-se com Stanley Malone. (N.T.)

Rei Ricardo – Estou me lembrando de que Henrique VI profetizou que Richmond seria Rei; e isso quando Richmond não passava de um menino impertinente. Rei... talvez... talvez...

Buckingham – Milorde!

Rei Ricardo – Por que será que o profeta não soube me dizer, naquela época... estando eu ali perto... que eu iria matá-lo?

Buckingham – Milorde, a sua promessa do título de conde...

Rei Ricardo – Richmond! Quando estive em Exeter da última vez, o Prefeito, em um gesto de cortesia, mostrou-me o castelo, que se chama Rougemont, e me deu um susto aquele nome, porque um poeta da Irlanda me disse, certa ocasião, que eu não viveria muito tempo depois de ter visto "Richmond".

Buckingham – Milorde...

Rei Ricardo – Sim... que horas são?

Buckingham – Atrevo-me a vir lembrar Sua Graça da promessa que me fez.

Rei Ricardo – Bom, mas que horas são?

Buckingham – Já vão bater as dez.

Rei Ricardo – Bom, deixe que batam bem batidas.

Buckingham – Por que "bem batidas"?

Rei Ricardo – Porque, como o boneco que sai do relógio e golpeia o sino que dá as horas, tu teimas em me golpear entre tuas súplicas e o meu raciocínio. Não estou com o espírito dadivoso hoje.

Buckingham – Poderia o senhor por favor dar uma resposta ao meu pedido?

Rei Ricardo – Tu estás me perturbando. Não estou com espírito para tanto.

[Sai, seguido de todos, exceto Buckingham.]

Buckingham – Então é assim? Ele me recompensa por meus eficientes serviços com tanto menosprezo? Foi para isso que eu o fiz Rei? Ai, devo me lembrar de Hastings e tratar de sumir para Brecknock,[42] enquanto minha cabeça cheia de receios ainda está presa ao pescoço.

[Sai.]

CENA III

Entra Tyrrel.

Tyrrel – O ato tirânico e sanguinário está feito. Nunca esta nossa terra foi culpada de tão perverso e lamentável massacre. Dighton e Forrest, os dois que subornei para cometer essa desumana carnificina (embora sejam dois cachorros sedentos de sangue, dois canalhas encarniçados), derreteram-se com ternura e suave compaixão e choraram como duas crianças ao relatar a triste história da morte dos príncipes. "Assim", contou Dighton, "repousavam os nobres gurizinhos"; "Assim, assim", contou Forrest, "aninhados um no outro em seus inocentes bracinhos de alabastro, e os lábios deles eram quatro rosas vermelhas no meio de uma touceira, e cada par

---

42. No País de Gales, onde a família de Buckingham tem propriedades. (N.T.)

de rosas, em sua beleza de verão, beijava-se. Um livro de orações estava sobre o travesseiro, coisa que por um momento", contou Forrest, "quase me fez mudar de ideia. Mas, ah, o Diabo..." Nesse ponto o canalha interrompeu-se, quando então Dighton nos contou: "Nós sufocamos a obra mais perfeitamente doce e suave que a Natureza já modelou desde a criação do mundo". Assim é que os dois foram embora, com uma consciência e um remorso indizíveis, e assim é que deixei os dois para trazer a notícia ao sanguinário Rei.

Entra o Rei Ricardo.

E aí vem ele. Que o senhor goze de boa saúde, meu soberano.

Rei Ricardo – Amável Tyrrel, devo ficar feliz com tuas notícias?

Tyrrel – Se vos traz felicidade eu ter feito aquilo que o senhor a mim incumbiu de fazer, então deveis ficar feliz, sim, pois está feito.

Rei Ricardo – Mas tu os viste mortos?

Tyrrel – Sim, milorde.

Rei Ricardo – E enterrados, meu gentil Tyrrel?

Tyrrel – O capelão da Torre foi quem os enterrou, mas onde, para dizer a verdade, eu não sei.

Rei Ricardo – Procura-me, Tyrrel, logo depois da ceia, quando então tu vais me contar o processo da morte daqueles dois. Enquanto isso, vai pensando como posso recompensá-lo, e sê o herdeiro do teu desejo. Até lá, adeus.

Tyrrel – Eu humildemente me retiro.

[Sai.]

Rei Ricardo – O filho de Clarence, eu prendi bem preso; a filha, já a fiz casar com um tipo medíocre; os filhos de Eduardo já estão dormindo junto ao peito de Abraão; e Anne, minha mulher, deu boa noite a este mundo. Agora, sabendo que aquele francês,[43] o Richmond, está de olho na jovem Elizabeth, filha do meu irmão, e, com esse casamento, o objetivo dele é a coroa... é até ela que eu vou, um sedutor bem-sucedido e bem animado.

Entra Ratcliffe.

Ratcliffe – Milorde!

Rei Ricardo – As notícias são boas ou ruins, que você me chega de modo tão brusco?

Ratcliffe – Más notícias, milorde. Morton fugiu para junto de Richmond. E Buckingham, apoiado pelos intrépidos galeses, está no campo de batalha, e suas forças crescem dia a dia.

Rei Ricardo – Ely associado a Richmond preocupa-me mais do que Buckingham e seus homens recrutados às pressas. Escute: aprendi que os comentários nervosos são o criado moroso de uma delonga arrastada; a demora é seguida de uma mendicância impotente que anda como lesma. Por isso, que seja a presteza causticante minhas asas, o Mercúrio de Júpiter[44] e o arauto de um rei. Vá

---

43. Richmond é inglês, obviamente, mas está na Bretanha (noroeste da França). Chamar um inglês de francês é um insulto. (N.T.)

44. Na mitologia romana (ou grega), Mercúrio (ou Hermes) era o mensageiro dos deuses, e Júpiter (ou Zeus) era o mais poderoso dos deuses. (N.T.)

passar os homens em revista. Meu raciocínio é o meu escudo. Devemos ser rápidos quando os traidores querem se exibir no campo de batalha.

[Saem.]

CENA IV

Entra a velha Rainha Margaret.

MARGARET – Temos agora a prosperidade de nosso amadurecimento caindo dentro da boca podre da morte. Aqui neste confinamento tenho me esgueirado pelos cantos, dissimulada, e observo o crepúsculo dos meus inimigos. Sou testemunha de um prólogo horripilante, e vou-me embora para a França, esperando que a continuação seja também amarga, negra e trágica.

Entram a Duquesa de York e a Rainha Elizabeth.

Esconda-se, Margaret, sua infeliz: quem será que vem lá?

ELIZABETH – Ah, meus pobres Príncipes! Ah, meus filhos queridos, minhas flores que não podem mais desabrochar, doces botões semiabertos! Se as suas cordiais almas ainda pairam no ar e não se fixaram em seu destino perpétuo, adejem ao redor de mim com suas asas etéreas e escutem os lamentos de sua mãe.

MARGARET *[à parte]* –
Adejai-lhe ao redor e dizei-lhe: Justiça foi feita.
Tua manhã pueril virou noite senil... Aceita!

Duquesa – Tantas tristezas deixam-me a voz entrecortada, e minha língua, exausta de tantos infortúnios, está imóvel e muda. Eduardo Plantageneta, por que tu estás morto?

Margaret *[à parte]* –
Um Plantageneta pega outro, mata e liquida;
A morte do meu Eduardo, o teu pagou co'a vida.

Elizabeth – É vosso desejo, Senhor, abandonar tão afáveis cordeiros e jogá-los nas entranhas do lobo? Quando foi que dormistes, meu Deus,
quando tal ato foi cometido?

Margaret *[à parte]* –
Quando o meu santo Henrique morreu,
e também o meu filho querido.

Duquesa – Vida morta, visão cega, fantasma vivo de uma pobre mortal; quadro do infortúnio, maior vergonha do mundo; quando por direito deveria estar na cova, foi usurpada pela vida; breve resumo e registro de odiosos dias:

[Sentando-se no chão:][45]

Descansa o teu cansaço no legítimo solo da Inglaterra, que, de modo ilegítimo, embebedou-se de sangue inocente.

Elizabeth – Ah, solo inglês, se pudesses tu oferecer-me sepultura em vez de um melancólico chão onde sentar, então os meus ossos eu esconderia em vez de simplesmente descansar.

[Sentando-se no chão:]

Ah, quem, a não ser nós, tem qualquer razão para sofrer?

---

45. Gesto convencional, representativo de dor extrema. (N.T.)

MARGARET – Se as dores antigas são as mais reverenciadas, reconheçam a minha como soberana e permitam que minha desgraça encare com firmeza a dor mais dolorida. Se a tristeza admite companhia, repensem seus pesares ao reconsiderar os meus. Eu tinha um Eduardo,[46] até que um Ricardo o matou; eu tinha um marido,[47] até que um Ricardo o matou; vocês tinham um Eduardo,[48] até que um Ricardo o matou; vocês tinham um Ricardo,[49] até que um Ricardo o matou.

DUQUESA – Eu também tinha um Ricardo,[50] e tu o mataste; e eu também tinha um Rutland,[51] que tu ajudaste a matar.[52]

MARGARET – E tu também tinhas um Clarence, e Ricardo o matou. Desse canil que é o teu ventre saiu rastejando um cão do inferno que nos caça a todos até a morte; esse cachorro, que antes de ter olhos já tinha dentes para dilacerar cordeiros e, de quatro, beber-lhes o sangue nobre e indefeso; esse grande, inigualável tirano que vibra de alegria com os olhos feridos das almas enlutadas; foi

---

46. Seu filho. (N.T.)

47. O rei Henrique VI. (N.T.)

48. Filho da Rainha Elizabeth, neto da Duquesa de York (o rei Eduardo V, que não chegou a ser coroado). (N.T.)

49. Duque de York, também filho e neto, respectivamente, de Elizabeth e da Duquesa. (N.T.)

50. Seu marido, o Duque de York anterior. (N.T.)

51. Seu segundo filho (Edmund, Conde de Rutland). A Duquesa teve quatro filhos homens. (N.T.)

52. As duas mortes fazem referência às Guerras das Rosas (1455-1485). A rainha Margaret foi extremamente ativa nesse conflito, defendendo a Casa de Lancaster e liderando várias batalhas contra a Casa de York. (N.T.)

esse asqueroso vândalo dos trabalhos de Deus que o teu ventre liberou para acossar-nos até a sepultura. Ah, Deus, honrado e honesto, justo e justiceiro! Como eu vos agradeço, que esse carnívoro cão tenha tomado por presa a prole do corpo de sua mãe, obrigando-a a acompanhar, de joelhos, os lamentos dos outros.

Duquesa – Ah, esposa de Henrique, não queira sentir-se triunfante com o meu infortúnio. Deus é testemunha: muito chorei pelos seus.

Margaret – Tem paciência comigo. Tenho fome de vingança, e agora estou me empanturrando só de olhar. O teu Eduardo,[53] que matou o meu Eduardo, esse está morto; o teu outro Eduardo[54]... morto, em compensação pelo meu Eduardo; o jovem York, esse serviu para arredondar a conta, porque os dois não valiam a total perfeição da minha perda. O teu Clarence está morto, que esfaqueou o meu Eduardo; e os que assistiram a essa cena frenética, os adúlteros Hastings, Rivers, Vaughan e Grey, foram precocemente abafados, cada um em sua cova escura. Ricardo ainda vive, agente sombrio do inferno, pelo inferno bem-preservado e bem-pago para comprar almas e enviá-las para as profundas. Mas não tarda, não tarda e virá o seu fim, lamentável e jamais lamentado. A terra se abre, o inferno queima, os demônios urram, os santos rezam, tudo para que ele seja carregado daqui. Deus no alto, cortai-lhe o vínculo com a vida, eu vos suplico, a tempo de estar viva para dizer "O cão está morto".

---

53. O filho, Eduardo IV. (N.T.)
54. O neto, Eduardo V. (N.T.)

ELIZABETH – Ah, você previu que o tempo viria em que eu não teria como prescindir de sua ajuda para amaldiçoar aquela aranha inchada, aquele sapo imundo e corcunda.

MARGARET – Naquela época eu lhe chamei de ornamento vão do meu destino; naquela época, eu lhe chamei de pobre sombra, rainha de retrato, mera encenação do que eu fora; elogioso prólogo para uma peça de teatro horrorosa; pessoa alçada às alturas para depois ser lançada ao chão; mãe lograda de dois lindos bebês; mero sonho de quem você já foi; estandarte chamativo, servindo de alvo a todo tipo de tiro perigoso; um símbolo de dignidade; um ai, uma borbulha; figurante fantasiada de rainha só para compor a cena. Onde está o seu marido agora? E os seus irmãos? Onde estão os seus dois filhos? No que você se alegra? Quem é que ainda chega com solicitações, ajoelha e diz "Deus salve a Rainha"? E onde será que estão os nobres, cheios de mesuras, para lhe adular as orelhas? Onde a tropa de gente que se aglomerava em seu cortejo? Passe em revista tudo isso e contemple o que você é agora: em vez de casada e feliz, uma viúva angustiada; em vez de mãe contente, você chora por não ter quem a chame de mãe; em vez de receber pedidos, você é quem precisa fazê-los com muita humildade; em vez de Rainha, uma pobre desgraçada, sentada em trono de preocupações; em vez de me ter desprezo, hoje é por mim desprezada; em vez de ser temida por todos os homens, agora você teme um homem em particular. Antes dava ordens, e agora ninguém lhe obedece. Assim é que a roda da justiça deu mais uma volta e você foi obrigada a saltar fora, vítima do tempo, e nada lhe sobra, fora a lembrança de quem foi, para torturá-la ainda mais, sendo o que é. Você usurpou o meu lugar e agora não vai usurpar a justa medida do meu sofrimento? O seu pescoço orgulhoso já carrega metade da carga do meu jugo, e deste jugo eu liberto, aqui mesmo, a minha cabeça exausta, e deixo o fardo por inteiro com você. Adeus, esposa da Casa de York, Rainha de um triste revés. Estas desgraças inglesas me farão sorrir em solo francês.

Elizabeth – Ah, minha cara senhora, hábil praticante de rogar pragas, fique um pouco mais e me ensine a amaldiçoar os meus inimigos.

Margaret – Abstenha-se de dormir à noite e passe os dias em jejum. Compare as alegrias mortas e enterradas com a dor viva e pulsante. Pense que os seus bebês eram mais mimosos do que realmente foram e quem os matou, mais infame do que realmente é. Maquiar a perda torna mais hediondo o causador do mal. Remoendo e ruminando esses pontos, você aprende a maldizer os outros.

Elizabeth – As minhas palavras estão embotadas. Vem, revive-as com as tuas.

Margaret – As tuas dores saberão afiá-las, e elas serão contundentes como as minhas.

[Sai.]

Duquesa – Por que precisa a calamidade ser cheia de palavras?

Elizabeth – São elas os advogados etéreos das dores de seus clientes, sucessores soprados das alegrias que se foram sem firmar testamento, tristes oradores sussurrantes de nossas misérias. Deixe que tenham o seu espaço; mesmo que não possam oferecer ajuda a nada mais, ao coração elas dão alívio.

Duquesa – Se é assim, então não fique de língua amarrada. Venha comigo, e no mesmo fôlego de palavras amargas, vamos sufocar o meu filho maldito, que os teus dois filhos sufocou. Tocam os clarins. Exclame-se, Elizabeth, vocifere com vontade!

Entram o Rei Ricardo e seu séquito (inclusive Catesby), marchando, com tambores e clarins.

Rei Ricardo – Quem me intercepta em minha campanha?

Duquesa – Ah, é aquela que teve a chance... estrangulando-te em seu próprio ventre malfadado... de interceptar todas as matanças, desgraçado, que perpetraste.

Elizabeth – Tu escondes a testa com uma coroa de ouro? A testa que devia ostentar, marcado a ferro, se fosse justa a justiça, o massacre do Príncipe a quem de direito pertencia essa coroa e a morte medonha dos meus pobres filhos e dos meus irmãos? Diz, escravo canalha: onde estão os meus filhos?

Duquesa – Seu sapo, seu nojento, onde está o teu irmão Clarence, e o pequeno Ned Plantageneta, filho dele?

Elizabeth – Onde está o nobre Rivers, e Vaughan, e Grey?

Duquesa – Onde está o gentil Hastings?

Rei Ricardo – Clarins, trombetas, o toque de continência! Tambores, toquem o aviso de perigo! Não permitam que os céus escutem essas mexeriqueiras vituperarem a mim, o ungido de Deus. Toquem, já disse!

[Clarinada; toques de alerta.]

Ou se acalmam e dizem a que vieram com a devida polidez, ou com os clamorosos ruídos de guerra afogo as suas queixas.

Duquesa – És meu filho?

Rei Ricardo – Sim, pelo que agradeço a Deus, ao meu pai e à senhora.

Duquesa – Então com paciência escuta a minha impaciência.

Rei Ricardo – Madame, eu tenho um quê do seu temperamento, que não tolera nem mesmo o tom de reprovação.

Duquesa – Ah, deixa-me falar.

Rei Ricardo – Pois fale, mas saiba que não ouvirei.

Duquesa – Serei branda e suave em minhas palavras.

Rei Ricardo – E breve, minha mãe, pois tenho pressa.

Duquesa – Estás assim tão apressado? Pois eu te esperei nascer, e Deus sabe: em tormento e em agonia.

Rei Ricardo – E não cheguei eu, enfim, para confortá-la?

Duquesa – Não, pelo crucifixo sagrado, tu sabes muito bem que não: chegaste neste mundo para fazer da terra o meu inferno. Teu nascimento me foi um fardo penoso; tua infância foi teimosa e mal-humorada; como aluno, foste alarmante, desesperado, selvagem, furioso; na juventude, foste ousado, corajoso, aventureiro; quando já estavas pessoa formada, te mostraste orgulhoso, dissimulado, fingido, sanguinário; mais brando (e, contudo, mais destrutivo), gentil no odiar. És capaz de citar uma única hora de conforto que tivesse me agraciado com tua companhia?

Rei Ricardo – Por minha fé, nenhuma, a não ser quando uma vez convidaram Sua Graça para o desjejum, longe de minha companhia. Se lhe sou tão deselegante aos olhos, deixe-me seguir em marcha e assim não a ofendo mais, madame. Toquem os tambores!

Duquesa – Eu te suplico, escuta o que eu tenho a dizer.

Rei Ricardo – Sua fala é ácida.

Duquesa – Concede-me uma palavrinha, porque depois não falo contigo nunca mais.

Rei Ricardo – Está bem.

Duquesa – Ou tu morres pelo justo rito de Deus, antes que aconteça de retornares desta guerra um vencedor, ou eu, com muita dor e com muita idade, devo perecer e nunca mais enxergar o teu rosto de novo. Portanto, leva contigo a minha mais pesada praga de mãe, para que no dia da batalha ela te canse mais que a armadura completa que tu usas. As minhas orações lutam ao lado do adversário. Também as minúsculas almas dos filhos de Eduardo estarão sussurrando ao espírito dos teus inimigos, prometendo-lhes sucesso e vitória. Tu és sanguinário, e sangrento será o teu fim. A vergonha que te acompanha em vida estará presente para assistir tua morte.

[Sai.]

Elizabeth – Embora eu tenha muitos motivos a mais, falta-me espírito para amaldiçoar e, então, a tudo que ela disse, eu digo amém.

Rei Ricardo – Fique, madame. Preciso trocar uma palavrinha consigo.

Elizabeth – Não tenho outros filhos de sangue azul para que os chacine. Quanto às minhas filhas, Ricardo, elas serão freiras devotas, e não rainhas lacrimosas; portanto, não se lance a atingir suas vidas.

Rei Ricardo – Você tem uma filha chamada Elizabeth, virtuosa e bela, cheia de realeza e graciosidade.

Elizabeth – E por isso ela deve morrer? Ah, deixe-a viver, e eu trato de corromper-lhe os modos, aviltar-lhe a beleza, calunio-me a mim mesma como adúltera na cama de Eduardo e jogo sobre ela o véu da infâmia; para que ela possa viver inalcançável ao banquete de sangue, confessarei que não era filha de Eduardo.

Rei Ricardo – Não calunies o nascimento dela, pois é princesa real.

Elizabeth – Para salvar-lhe a vida, digo que ela não é.

Rei Ricardo – Em seu nascimento é onde sua vida está mais a salvo.

Elizabeth – E foi exato nessa segurança que morreram os seus irmãos.

Rei Ricardo – Veja, nos nascimentos deles a boa estrela de cada um era oposta a que vivessem.

Elizabeth – Não! Contrários a que permanecessem vivos eram os maus amigos.

Rei Ricardo – O desfecho do destino é inevitável.

Elizabeth – De fato, quando a rejeição à graça divina molda o destino. Os meus filhinhos estavam destinados a uma morte mais bonita, tivesse a graça de Deus abençoado você com uma vida mais bonita.

Rei Ricardo – Você fala como se tivesse eu matado os da minha família.

Elizabeth – Deveras, família! E pelo tio lesados de seu conforto, de seu reino, de seus parentes, sua liberdade, suas vidas. Seja de quem for a mão que perfurou os seus jovens coraçõezinhos, ela foi indiretamente dirigida por tua cabeça. Com certeza a faca assassina era rombuda e cega antes de ser afiada na pedra do teu coração duro, para então refestelar-se nas entranhas dos meus cordeirinhos. Mas, não fosse o uso constante do sofrimento ter domesticado a selvageria da dor, minha língua não estaria pronunciando o nome dos meus meninos aos teus ouvidos antes de estarem minhas unhas ancoradas nos teus olhos; e eu, numa enseada de desespero e de morte, como miserável nau sem velas e sem cordame, teria me lançado e me despedaçado contra o rochedo que é teu coração.

Rei Ricardo – Madame, tanto quanto desejo sair vencedor nesta minha iniciativa de arriscadas consequências em sangrentas guerras, garanto-lhe que desejo a você e aos seus mais bem do que você ou os seus alguma vez foram por mim prejudicados.

Elizabeth – Mas que bem é esse, coberto por máscara de paraíso, para se descobrir que não me faz bem nenhum?

Rei Ricardo – A ascensão de seus filhos, minha nobre senhora.

Elizabeth – Que ascenderam ao patíbulo, para perder as cabeças.

Rei Ricardo – Para atingir a dignidade e os píncaros a que podem almejar os bem-aventurados, o mais alto símbolo imperial da glória terrena!

Elizabeth – Vai, adula o meu sofrimento com um relato: diz-me que condição, que dignidade, que honra tu podes transmitir a qualquer um dos meus filhos?

Rei Ricardo – Tudo o que possuo... sim, e a minha própria pessoa, e tudo quero ademais doar a uma pessoa de tua descendência. Portanto, afoga nas águas do esquecimento[55] de tua alma irada as lembranças tristes daqueles males que tu supões haver eu cometido contra ti.

ELIZABETH – Sê breve; do contrário, o processo de relatar a tua bondade pode durar mais que a tua bondade.

REI RICARDO – Então dou-te ciência que, do fundo da alma, amo a tua filha.

ELIZABETH – A mãe da minha filha está pensando sobre isso, do fundo da alma.

REI RICARDO – O que você está pensando?

ELIZABETH – Que tu amas a minha filha no fundo da tua alma; do mesmo modo, no fundo da tua alma tu amavas os irmãos dela, e eu te agradeço esse amor com um amor igual.

REI RICARDO – Não te apresses em dar outro significado ao que eu disse. Com toda a minha alma, amo tua filha e pretendo fazê-la Rainha da Inglaterra.

ELIZABETH – Mas então, estás pensando em quem para ser rei junto com ela?

REI RICARDO – O mesmo que vai fazer dela uma rainha. Quem mais poderia ser?

ELIZABETH – O quê? Tu?

REI RICARDO – Eu mesmo. O que você acha?

ELIZABETH – Como vais conseguir cortejá-la?

REI RICARDO – Isso eu gostaria de aprender com você, pois ninguém a conhece melhor, ela e seu temperamento.

---

55. No rio Letes (mitologia), cujas águas causavam esquecimento. (N.T.)

ELIZABETH – E tu queres aprender comigo?

REI RICARDO – Madame, de todo o coração.

ELIZABETH – Manda para ela, pelo mesmo homem que lhe matou os irmãos, dois corações sangrando; neles, tu mandas gravar "Eduardo" e "York". Então, talvez ela chore, e tu aproveitas para oferecer-lhe... como Margaret fez com o teu pai: molhado no sangue de Rutland... um lenço. Diz a ela que ele vem tingido da seiva rubra do corpo de seu doce irmão e pede que com ele ela enxugue os olhos lacrimosos. Se esse atrativo não incentivá-la a te amar, envia-lhe uma carta, contando os teus nobres feitos: diz a ela que tu liquidaste com o seu tio Clarence, o seu tio Rivers... sim, e diz que foi por ela que tu apressaste o passamento de sua boa tia Anne.

REI RICARDO – Você usa de sarcasmo comigo, madame. Não é esse o modo de conquistar a sua filha.

ELIZABETH – Não tem outro modo... a menos que tu pudesses vestir uma outra forma e não ser Ricardo, o que fez tudo isso.

REI RICARDO – Digo que fiz tudo isso por amor a ela.

ELIZABETH – Não; frente a isso, ela não tem escolha senão odiar-te por haver comprado amor com espólio assim sangrento.

REI RICARDO – O que está feito não pode agora ser remediado. Os homens às vezes agem impensadamente, coisa que, mais tarde, traz oportunidade de arrependimento. Se tomei o reino de seus filhos, para remediar, quero dá-lo à sua filha. Se matei os frutos de seu ventre, para aumentar sua prole encarrego-me de gerar uma prole do seu sangue, com sua filha. "Avó" é nome também carregado de amor e não fica muito atrás do adorado título de "mãe". Netos são como os filhos, só que um degrau abaixo; o mesmo espírito seu, o mesmo sangue seu; em um esforço só, exceto por uma noite de gemidos a que ela deve resistir, ela por quem você passou similar sofrimento. Os seus filhos foram tormento em sua juventude, mas os meus serão conforto em sua velhice. A perda que você lamenta é a de um filho que seria Rei; por essa perda, sua filha será Rainha. Não posso reparar a questão como eu gostaria; portanto, aceite a generosidade de que sou capaz. E o seu filho Dorset, cuja alma apreensiva guia-lhe os passos descontentes em solo estrangeiro, será chamado de volta para casa por esta bela aliança, para receber título nobiliárquico e cargos honoríficos. O Rei, ao chamar de esposa a sua formosa filha, passará a chamar de irmão o seu Dorset. Mais uma vez, você será mãe de Rei, e todas as ruínas de tempos aflitivos estarão reparadas com duplo patrimônio de contentamento. Ora! Temos muitos dias agradáveis pela frente. As líquidas gotas das lágrimas que você derramou terão o seu retorno, transformadas em pérolas do Oriente, numa dívida que se estará pagando com juros dez vezes duplicados em ganho de felicidade. Vá, minha mãe; vá ter com sua filha. Com sua experiência, faça-a confiante em sua tímida juventude; prepare-lhe os ouvidos para escutar o que tem a dizer um pretendente; ponha-lhe no coração suave a chama arrebatada de quem é áurea soberana; informe a Princesa sobre as doces e silentes horas das alegrias do casamento; e, quando este meu braço houver castigado aquele rebelde insignificante, o cabeça-dura, Buckingham, voltarei coroado com os louros do triunfo e conduzirei sua filha para a cama de um conquistador, e a ela contarei minhas vitórias, e então será ela a única vitoriosa, César deste César.

Elizabeth – O que devo dizer? Que o irmão do pai dela será seu amo e esposo? Ou devo dizer "o teu tio"? Ou então aquele que assassinou os irmãos e os tios dela? Sob que título devo eu cortejá-la por ti, de modo que Deus, a lei, minha honra e o amor dela possam parecer palatáveis à sua tenra idade?

Rei Ricardo – Mencione a paz na formosa Inglaterra por meio dessa aliança.

Elizabeth – Que ela terá de comprar com guerra duradoura.

Rei Ricardo – Diga a ela que o Rei, aquele que pode dar ordens, está pedindo.

Elizabeth – Pedindo, das mãos dela, aquilo que o Rei dos Reis proíbe.[56]

Rei Ricardo – Diga que ela será uma rainha poderosa.

Elizabeth – Para depois ceder o título a outra, como aconteceu com a mãe dela.

Rei Ricardo – Diga que eu a amarei para sempre.

Elizabeth – Mas quanto tempo vai durar o teu sempre?

Rei Ricardo – Com doce eficácia, até o fim de sua formosa vida.

Elizabeth – Mas que formoso tempo vai durar a doce vida dela?

Rei Ricardo – O tempo que os céus e a natureza quiserem.

Elizabeth – O tempo que o inferno e Ricardo preferem.

---

56. O direito canônico proibia o casamento entre tio e sobrinha. (N.T.)

Rei Ricardo – Diga que eu, o soberano, perante ela sou súdito.

Elizabeth – Mas ela, uma súdita sua, odeia o trono.

Rei Ricardo – Seja eloquente com ela, a meu favor.

Elizabeth – Palavras honestas são mais bem-sucedidas quando ditas sem rodeios.

Rei Ricardo – Então conte, sem rodeios, do meu amor por ela.

Elizabeth – Simples e desonesto, eis aí um estilo muito duro.

Rei Ricardo – Argumentos rasteirinhos e coloridos, os seus.

Elizabeth – Pelo contrário, os meus argumentos são muito fundos e muito pálidos. Em cova funda enterraram meus filhos pálidos de morte.

Rei Ricardo – Já chega de bater sempre na mesma nota, madame; isso agora é passado.

Elizabeth – Vou bater nessa mesma nota, sempre e de novo, até que pare de bater o meu coração.

Rei Ricardo – Por meu São Jorge, por minha Jarreteira[57] e por minha coroa...

Elizabeth – Profanado; essa, desonrada; e a terceira, usurpada.

Rei Ricardo – Eu juro...

---

57. A Ordem da Jarreteira era a mais alta ordem da cavalaria. Foi instituída pelo rei Eduardo III em 1348, e seu símbolo era uma liga bordada, usada na altura do joelho (a jarreteira). Usavam-na os cavaleiros assim condecorados pelo rei. (N.T.)

Elizabeth – Por coisa nenhuma, pois isso não é juramento: o teu São Jorge, profanado, perdeu a honra sagrada; tua Jarreteira, maculada, penhorou as virtudes cavalheirescas; e tua coroa, usurpada, desgraçou a glória real. Se queres fazer um juramento crível, jure então por algo que tu não tenhas danificado.

Rei Ricardo – Então, juro por este mundo...

Elizabeth – Repleto de teus danos imundos.

Rei Ricardo – Pela morte de meu pai...

Elizabeth – Desonrada por tua vida.

Rei Ricardo – Então, juro por mim mesmo...

Elizabeth – Por ti mesmo desperdiçado.

Rei Ricardo – Ora, então juro por Deus...

Elizabeth – A ofensa a Deus é a pior de todas: se temias quebrar um juramento com Deus, a aliança que o meu marido Rei Eduardo forjou, esta tu não terias quebrado, nem estariam mortos os meus irmãos. Se receavas quebrar um juramento feito em nome de Deus, o áureo círculo imperial que agora te circunda a cabeça teria ornado as jovens têmporas do meu filho, e os dois Príncipes estariam aqui, respirando, coisa que agora... dois companheiros de leito dormindo no pó da terra... tua fé rota transformou em comida para os vermes. Em nome do que tu vais jurar agora?

Rei Ricardo – Do tempo que está por vir!

Elizabeth – Por ti danificado no tempo que já passou. Eu mesma: tenho muitas lágrimas com que lavar, no tempo futuro, o tempo passado por ti destruído. Estão vivos os filhos daqueles que tu assassinaste: uma juventude desgovernada que aí está para chorar tão cedo na vida uma perda assim. Estão vivos os pais daqueles que tu chacinaste: plantas velhas e murchas que aí estão para chorar tão tarde na vida uma perda assim. Não jures tu pelo tempo que está por vir, pois este já está mal--empregado antes mesmo de teres a chance de usá-lo, dados os teus abusos no passado.

Rei Ricardo – Se não for minha intenção prosperar e arrepender-me, que eu saia derrotado nestas minhas arriscadas campanhas contra o exército inimigo! Que eu próprio me destrua a mim mesmo! Que Deus e o destino me proíbam horas felizes! Ó, Dia, não me concedeis a vossa luz; noite, não permitis que eu descanse! Que todos os auspiciosos astros coloquem-se contrários às minhas ações se eu não respeitar a sua filha, principesca e bela, com todo o carinho, com o amor mais caro ao meu coração, com devoção imaculada, com pensamentos santos. Temos nela a minha felicidade e a sua. Sem ela, virão a morte, a desolação, a ruína e a decadência para mim, para você, para ela mesma, para a nação e para muitas almas cristãs. Isso não tem como ser evitado, a não ser assim, e isso não será evitado, a não ser assim. Portanto, minha cara mãe... preciso chamá-la de mãe... seja a defensora de meu amor por ela. Prove em sua alegação a pessoa que serei, não a pessoa que tenho sido; não as penas que mereço, mas as recompensas de que serei merecedor. Apresente as carências dos dias de hoje e as atuais circunstâncias, e não se mostre impaciente com os grandes desígnios.

Elizabeth – Devo ficar tentada pelo diabo?

Rei Ricardo – Sim, se o diabo tentá-la a fazer o bem.

Elizabeth – Devo me esquecer de ser eu mesma?

Rei Ricardo – Sim, no caso de a sua lembrança de si mesma estar lhe fazendo mal.

Elizabeth – E, no entanto, você matou os meus filhos.

Rei Ricardo – Mas é no ventre de sua filha que eu os tenho enterrados. É lá, naquele ninho da fênix, que eles vão se reproduzir, deles mesmos, a eles mesmos, para que você se sinta reconfortada.

Elizabeth – Devo conquistar a minha filha para fazer a tua vontade?

Rei Ricardo – E será mãe feliz por essa boa ação.

Elizabeth – Vou-me embora. Manda-me uma carta em breve, e vais saber por mim o que ela pensa disso tudo.

Rei Ricardo – Leve a ela o beijo do meu amor fiel. *[Beija-a.]* Então, adeus.

[Sai Elizabeth.]

Fácil de persuadir, a coitada. Mulher superficial e inconstante!

Entra Ratcliffe.

E então, quais são as novas?

Ratcliffe – Meu poderoso soberano, na costa oeste pode-se ver uma esquadra fortemente armada; em nossas praias vão se aglomerando amigos indecisos, de intenções suspeitas, desarmados, sem a determinação de fazê-los bater em retirada. Acredita-se que Richmond seja o almirante. E ali estão, velas enroladas, só esperando o auxílio de Buckingham para acolhê-los no desembarque.

Rei Ricardo – Que algum amigo de passo célere vá até o Duque de Norfolk. Ratcliffe, você... ou Catesby... onde está ele?

Catesby – Aqui, milorde.

Rei Ricardo – Catesby, vai correndo até o Duque.

Catesby – Vou, sim, milorde, com toda a pressa possível.

Rei Ricardo – Ratcliffe, aproxime-se. Você vai até Salisbury. Quando tiver chegado lá... *[Dirigindo-se a Catesby:]* Seu cretino, obtuso, negligente! Por que está aí parado e ainda não saiu?

Catesby – Primeiro, meu poderoso suserano, Vossa Alteza deve dizer-me, por favor, o que devo dizer ao Duque da parte de Sua Graça.

Rei Ricardo – Ah, é verdade, meu bom Catesby! Peça a ele que recrute logo a maior e mais potente força possível, e que me encontre em Salisbury, sem qualquer demora.

Catesby – Estou indo.

[Sai.]

Ratcliffe – O que é de sua vontade, milorde, que eu faça em Salisbury?

Rei Ricardo – Ora, mas o que você gostaria de fazer antes da minha chegada?

Ratcliffe – Vossa Alteza pediu que eu fosse antes.

Rei Ricardo – Mudei de ideia.

Entra Stanley (Conde de Derby).

Stanley, que notícias você traz?

Stanley – Nenhuma notícia boa, meu suserano, para agradar aos seus ouvidos. Mas também nenhuma tão ruim que não possa ser relatada.

Rei Ricardo – Olá! Uma charada! Nem boa, nem ruim... O que faria você percorrer tão grande distância quando pode contar o que tem a dizer de um modo mais curto? Repito: quais são as notícias?

Stanley – Richmond fez-se ao mar.

Rei Ricardo – Pois que afunde, e que o mar seja para sempre seu teto. Renegado, sujeito sem tutano! O que está fazendo ele no mar?

Stanley – Não faço ideia, meu poderoso soberano, mas posso adivinhar.

Rei Ricardo – E adivinha o quê, exatamente?

Stanley – Incentivado por Dorset, Buckingham e Morton, está vindo à Inglaterra, para reclamar a coroa.

Rei Ricardo – E está vago o trono? E a espada real, não tem quem a empunhe? O Rei está morto? O império, sem dono? Qual herdeiro da Casa de York está vivo, senão nós? E quem pode ser o Rei da Inglaterra, senão o herdeiro da grande Casa de York? Então, diga-me o que ele está fazendo no mar!

Stanley – Se não é esse o motivo, meu suserano, não posso adivinhar qual seja.

Rei Ricardo – Se ele não está chegando para ser o seu suserano, você não adivinha por que o galês está aí. Penso que tu desejas revoltar-te, desejas passar-te para o lado dele.

Stanley – Não, milorde. Não desconfie de mim.

Rei Ricardo – Onde, então, estão as tuas forças para fazê-lo bater em retirada? Onde os teus tenentes e os que te seguem? Não estão agora mesmo na costa oeste, garantindo salvo-conduto aos rebeldes que desembarcam de seus navios?

Stanley – Não, milorde, meus amigos estão ao norte.

Rei Ricardo – Amigos insensíveis a mim! O que fazem ao norte, quando deveriam estar servindo ao seu soberano na costa oeste?

Stanley – Ainda não receberam ordens para tal, meu poderoso Rei. Se for do agrado de Sua Majestade me dar licença, convoco os meus amigos e encontro com Sua Graça quando e onde Sua Majestade desejar.

Rei Ricardo – Sim, claro, tu queres ir embora, para juntar-te a Richmond. Mas eu não vou confiar em ti.

Stanley – Poderosíssimo soberano, o senhor não tem razão para desconfiar de minha amizade. Nunca fui e jamais serei falso.

Rei Ricardo – Vá, então, e convoque os homens. Mas deixe para trás o seu filho, George Stanley. Cuide para que o seu coração esteja firme em sua lealdade, ou é a cabeça dele que não estará firme no lugar.

Stanley – Enquanto provo minha lealdade, o senhor fica com ele.

[Sai.]

Entra um Mensageiro.

Mensageiro – Meu bondoso soberano, agora em Devonshire... conforme me avisaram os amigos... Sir Edward Courtney e seu irmão mais velho, o alto prelado,

Bispo de Exeter, com muitos outros confederados, estão em pé de guerra.

Entra mais um Mensageiro.

Segundo Mensageiro – Em Kent, meu suserano, os Guilford pegaram em armas, e, a cada hora que passa, mais e mais companheiros juntam-se aos rebeldes, e seu exército aumenta em forças.

Entra mais um Mensageiro.

Terceiro Mensageiro – Milorde, o exército do grande Buckingham...

Rei Ricardo – Fora daqui, abutres! Só sabem cantar cantos de morte?

[Agride o terceiro Mensageiro.]

Toma isso, até que tu me tragas melhores notícias.

Terceiro Mensageiro – A notícia que tenho para dar a Sua Majestade diz que o exército de Buckingham, por um súbito dilúvio e inundação do mar pelos rios, dispersou-se e está por aí espalhado, e ele próprio saiu a esmo, sozinho, ninguém sabe para onde.

Rei Ricardo – Eu te peço desculpas; aí tens a minha bolsa, para curar-te de minha pancada. Algum amigo previdente já anunciou recompensa para quem me trouxer o traidor?

Terceiro Mensageiro – Esse anúncio já foi feito, milorde.

Entra mais um Mensageiro.

Quarto Mensageiro – Sir Thomas Lovel e o Lorde Marquês de Dorset, pelo que dizem, meu suserano, pegaram em armas, em Yorkshire. Mas trago esta notícia reconfortante para Sua Alteza: a esquadra vinda de França dispersou-se com a tempestade. Richmond, em Dorsetshire, mandou um barco até a praia, para perguntar a quem estava no litoral se eram seus ajudantes; sim ou não? ... Responderam-lhe que vinham da parte de Buckingham, para juntar-se a ele, Richmond. Mas ele, não acreditando, içou velas e tomou o rumo de volta para França.

Rei Ricardo – Marchemos, vamos, prontos que estamos para a guerra; se não para lutar contra inimigos estrangeiros, então para derrotar em casa esses rebeldes.

Entra Catesby.

Catesby – Meu suserano, o Duque de Buckingham foi preso; esta é a melhor notícia. Que o Conde de Richmond desembarcou em Milford[58] com um exército poderoso, isso já é notícia menos calorosa, mas precisa ser dita.

Rei Ricardo – Embora para Salisbury! Enquanto discutimos aqui, pode-se ganhar ou perder uma batalha real. Alguém dê ordens para que tragam Buckingham até Salisbury. Os outros, comigo, avante, marchando.

[Fanfarra. Saem.]

CENA V

Entram Stanley (Conde de Derby) e Sir Christopher Urswick[59].

---

58. No País de Gales. (N.T.)

59. Um padre, capelão da Condessa de Richmond. (N.T.)

STANLEY – Sir Christopher, transmita a Richmond um recado de minha parte: que no chafurdeiro do mais letal de todos os porcos selvagens o meu filho George Stanley está trancafiado sob custódia; se eu me rebelo, meu filho será decapitado. Meu medo de que isso aconteça impede minha adesão neste momento. Vá, ande, e mande minhas recomendações ao seu senhor. Ademais, diga-lhe que a Rainha consentiu entusiasmada no casamento dele com sua filha Elizabeth. Mas, diga-me: onde está o principesco Richmond agora?

CHRISTOPHER – Em Pembroke, ou então em Haverfordwest, no País de Gales.

STANLEY – Que homens de notoriedade já se ligaram a ele?

CHRISTOPHER – Sir Walter Herbert, um soldado de renome; Sir Gilbert Talbot e Sir William Stanley; Oxford, o temido e respeitado Pembroke e Sir James Blunt; e ainda Rice ap Thomas, com um bando de destemidos; e muitos outros de reconhecidos nomes e de reconhecido valor. Estão todos guiando seus contingentes rumo a Londres; isso se no caminho não tiverem de travar batalha.

STANLEY – Bem, apure-se e vá ter com o seu senhor. Diga a Richmond que lhe beijo as mãos. Minha carta a ele há de esclarecê-lo quanto às minhas decisões. Adeus.

[Saem.]

QUINTO ATO

CENA I

Entra o Xerife com Alabardeiros, e Buckingham é levado para sua execução.

Buckingham – O Rei Ricardo não permite que eu fale com ele?

Xerife – Não, milorde; portanto, tenha paciência.

Buckingham – Hastings; filhos de Eduardo; Grey e Rivers; meu santo Rei Henrique, com seu belo filho Eduardo; Vaughan; e todos os que pereceram por injustiças nojentas, corruptas e clandestinas... se é que estão as vossas almas soturnas e desconsoladas testemunhando através das nuvens esta hora, mesmo que por vingança, zombai de minha destruição. Hoje é Dia de Finados, amigo, não é?

Xerife – Isso mesmo.

Buckingham – Então, o Dia de Finados é o dia do fim do meu corpo. Este dia, à época do Rei Eduardo, desejei que se abatesse sobre mim se alguma vez eu viesse a ser falso para com seus filhos e para com os aliados de sua esposa. Este é o dia em que desejei ser destruído pela falsa fidelidade daquele em quem eu mais confiei. Este dia, este Dia de Finados, para a minha alma covarde, é o dia desde sempre designado para a expiação de meus crimes. O Altíssimo, que tudo vê, e cujo nome usei em vão, virou contra mim as minhas preces fingidas e concedeu-me em realidade os pedidos que fiz de brincadeira. Assim é que Ele força a espada do pecador a enfiar a ponta no peito de seu dono. Assim é que a praga de Margaret cai pesada sobre minha cabeça: "Quando ele", disse ela, "deixar o seu coração partido de tristeza, lembre-se de que Margaret foi uma profetisa!" Vamos, senhores, podem me levar até o cepo da vergonha. O mal só gera o mal, e o culpado merece pagar por sua culpa.

[Sai com os Oficiais.]

CENA II

Entram Richmond, Oxford, Blunt, Herbert e outros, com tambores e flâmulas.

RICHMOND – Companheiros de armas e meus caríssimos amigos feridos sob o jugo da tirania: até este ponto país adentro, nós marchamos sempre em frente e sem obstáculos, e agora recebemos de nosso pai Stanley[60] algumas palavras de grande conforto e muito incentivo. O porco-bravo desgraçado, sanguinário, usurpador que arruinou suas colheitas de verão e seus frutíferos vinhedos, que costuma abeberar-se no sangue dos senhores como se este fosse lavagem e faz de gamela os seus peitos eviscerados... esse porco imundo está neste mesmo instante no centro desta ilha, perto da cidade de Leicester, como nos foi informado. De Tamworth até lá é só um dia de

---

60. Stanley (Conde de Derby) é padrasto de Richmond. (N.T.)

marcha. Em nome de Deus, animem-se, meus corajosos amigos, para fazer a colheita de uma paz perene através deste único combate sangrento de uma guerra feroz.

OXFORD – A consciência de cada um vale por mil homens na hora de lutar contra um pecador homicida como esse.

HERBERT – Não tenho dúvidas de que os amigos dele vão se passar para o nosso lado.

BLUNT – Ele não tem amigos, só tem homens que dele têm medo; na hora de maior precisão, vão lhe dar as costas.

RICHMOND – Para nós, isso tudo é vantagem. Então, em nome de Deus, marchando, que a verdadeira esperança é veloz e voa com asas de andorinha; transforma reis em deuses e faz dos humildes verdadeiros reis.

[Saem.]

CENA III

Entram o Rei Ricardo, em armas, com Norfolk, Ratcliffe e o Conde de Surrey, e outros.

REI RICARDO – Aqui; tratem de armar nossa tenda aqui mesmo, no campo de batalha de Bosworth.

[A barraca de Ricardo vai sendo montada a um canto do palco.]

Meu caro Lorde de Surrey, por que esta cara triste?

Surrey – Meu coração está dez vezes mais leve que minha aparência.

Rei Ricardo – Meu caro lorde de Norfolk.

Norfolk – Estou aqui, meu bondoso suserano.

Rei Ricardo – Norfolk, precisamos ter punhos fortes para soqueá-los, não é mesmo?

Norfolk – Vamos esmurrá-los e ser esmurrados, meu amado Rei.

Rei Ricardo – Quero minha tenda montada, já! Durmo aqui esta noite. Mas, e amanhã, onde? Bom, não interessa. Quem já divisou em que número estão os traidores?

Norfolk – Seis ou sete mil no máximo.

Rei Ricardo – Ora, nossas forças são o triplo disso! E o que é mais, o nome do Rei é uma poderosa torre que falta à facção adversária. Minha tenda montada, já! Vamos, nobres cavalheiros, vamos avaliar as vantagens do terreno. Preciso aqui de homens que saibam dar ordens à soldadesca; que não nos falte disciplina; que nada nos atrase; pois, senhores, amanhã temos um dia cheio!

[A barraca agora está montada.
Saem por uma porta.]

Entram, por outra porta, Richmond, Sir William Brandon, Oxford e Herbert, Blunt e outros, que armam a barraca de Richmond no outro lado do palco.

Richmond – O sol, cansado, despediu-se em tons de dourado e, pelo brilho no rastro de sua carruagem flamejante, temos um bom presságio para o dia de amanhã. Sir William Brandon, o senhor fica encarregado de levar o meu estandarte. Meu caro lorde de Oxford, e você,

Sir William Brandon, e você, Sir Walter Herbert, ficam comigo. O Conde de Pembroke fica com seu regimento. Meu bom capitão Blunt, diga a ele que lhe desejo uma boa noite e, às duas da madrugada, quero que o Conde venha conversar comigo em minha tenda. Mais uma coisa, meu bom capitão, por favor: onde está aquartelado Lorde Stanley, você sabe?

BLUNT – A menos que eu tenha me equivocado por completo quanto às cores dele, coisa que estou bem seguro de que não fiz, seu regimento espera pelo menos a meia milha, no sentido sul, do poderoso exército do Rei.

RICHMOND – Se for possível chegar a ele sem correr grande risco, meu caro Blunt, encontre um meio de falar com ele e entregue-lhe, de minha parte, esta carta, urgente e importante.

BLUNT – Por minha vida, milorde, assim o farei. Deus lhe dê uma boa noite de sono.

RICHMOND – Boa noite, capitão Blunt.

[Sai Blunt.]

Arranjem papel e tinta, aqui na minha tenda. Vou desenhar a formação das tropas e o esquema de nossa batalha; limito cada líder à sua devida carga de combate; e divido em justas proporções o nosso pequeno exército. Vamos, cavalheiros, vamos decidir as questões de amanhã. Para a minha tenda, que o sereno está úmido e gelado.

[Richmond, Brandon, Oxford e Herbert entram na barraca. Os outros saem.]

Entram o Rei Ricardo, Ratcliffe, Norfolk e Catesby e Soldados a postos.

REI RICARDO – Que horas são?

Catesby – Nove horas, milorde; hora da ceia.

Rei Ricardo – Hoje não vou cear. Deem-me papel e tinta. Atenção: o meu elmo está funcionando melhor que antes? Está toda a minha armadura já colocada em minha tenda?

Catesby – Está, sim, meu suserano; tudo pronto.

Rei Ricardo – Meu bom Norfolk, vá logo para junto de suas tropas; vê que a guarda fique atenta; escolha sentinelas de confiança.

Norfolk – Estou indo, milorde.

Rei Ricardo – Amanhã acorde à mesma hora que a cotovia, Norfolk.

Norfolk – Isso eu lhe garanto, milorde.

[Sai.]

Rei Ricardo – Catesby!

Catesby – Sim, milorde?

Rei Ricardo – Envie um anunciador até o regimento de Stanley. Peça a ele que chegue aqui com suas tropas antes do amanhecer, se ele não quiser que o seu filho George caia na caverna cega da noite eterna.

[Sai Catesby.]

Sirvam-me uma taça de vinho. Deem-me uma vela. Ponham os arreios no meu Surrey branco para o campo de batalha amanhã. Vejam que as hastes de minhas lanças estejam íntegras, e não muito pesadas. Ratcliffe!

Ratcliffe – Sim, milorde?

Rei Ricardo – Viste o melancólico Lorde Northumberland?

Ratcliffe – Ele e Thomas, o Conde de Surrey, logo antes de anoitecer revisaram o exército, indo de tropa em tropa, animando os soldados.

Rei Ricardo – Então, estou satisfeito. Deem-me uma taça de vinho. Não tenho mais o antigo vigor no espírito nem a antiga disposição da mente. Pode pôr aí. E papel e tinta, estão prontos?

Ratcliffe – Estão, sim, milorde.

Rei Ricardo – Peça à minha guarda que fiquem atentos. Pode ir. Ratcliffe, venha até a minha tenda ali pelo meio da noite e ajude-me a vestir a armadura. Repito: pode ir.

[Sai Ratcliffe. Ricardo entra em sua barraca; soldados ficam a postos, de sentinela.]

Entra Stanley (Conde de Derby) para falar com Richmond em sua barraca.

Stanley – Que se acomodem no teu elmo a Fortuna e a Vitória!

Richmond – Que a escuridão da noite possa oferecer-lhe total conforto, meu padrasto. Diga-me, como tem passado nossa amável mãe?

Stanley – Eu, por procuração, te abençoo em nome de tua mãe, que reza sem parar pelo bem de Richmond. Mas, vamos ao que interessa; as horas de silêncio estão passando, e a escuridão começa a esfarrapar-se no Levante. Serei breve, pois assim exige o momento: prepara tua batalha de manhã bem cedinho e coloca teu destino sob o arbítrio dos golpes sangrentos de uma guerra de sinistro semblante. Quanto a mim, na medida do possível... pois não posso agir como gostaria... com as oportunidades certas a meu favor, vou enganar o andar das horas e assim te ajudo neste incerto choque de armas. Mas não posso colocar-me muito solícito em teu favor, pois, se for pego, o teu irmão, o pequeno George, pode vir a ser executado na frente do próprio pai. Adeus. A falta de tempo e o extraordinário da hora me levam a deixar de lado os cerimoniosos votos de meu amor paterno e a ampla troca de palavras amáveis na qual se devem demorar amigos há tanto tempo separados. Que Deus nos conceda mais adiante o tempo necessário para esses ritos de afeição. Mais uma vez, adeus. Tenha coragem e tenha sucesso.

RICHMOND – Senhores, conduzam-no ao seu regimento. Tentarei, mesmo com a cabeça cheia de preocupações, dormir um pouco para não me sentir pesado amanhã por falta de sono, pois devo montar leve com as asas da vitória. Mais uma vez, boa noite, meus caros lordes e cavalheiros.

[Sai Stanley com Brandon, Oxford e Herbert.]

[Ajoelha-se:] Ó Vós, de quem me considero capitão, olhai por meus soldados com olhos de bondade; colocai nas mãos deles as vossas contundentes espadas da ira, para que possam esmagar, com pesados golpes, os elmos usurpadores de nossos adversários; fazei de nós Vossos ministros, para que os castiguemos, para que possamos, na vitória, louvar o Vosso nome. A Vós entrego minha alma cautelosa, antes que me cerrem as pálpebras. No sono e na vigília, eu Vos peço, defendei-me sempre!

[Ergue-se, entra em sua barraca, deita-se e dorme.]

Entra o fantasma do jovem Príncipe Eduardo, filho do Rei Henrique VI.

FANTASMA DO PRÍNCIPE EDUARDO *[dirigindo-se ao Rei Ricardo]* – Amanhã, deixa que eu me sente, pesado, sobre tua alma. Pensa em como tu me apunhalaste, no auge de minha juventude, em Tewkesbury; depois, desespera e morre. *[Dirigindo-se a Richmond:]* Alegre-se, Richmond, pois as almas injustiçadas de príncipes assassinados lutam do teu lado. O filho e herdeiro do Rei Henrique reconforta a sua pessoa, Richmond.

[Sai.]

Entra o fantasma do Rei Henrique VI.

FANTASMA DO REI HENRIQUE *[dirigindo-se ao Rei Ricardo]* – Quando eu era mortal, o meu corpo ungido foi por ti furado e perfurado de modo fatal muitas vezes. Pensa na Torre e pensa em mim; desespera e morre. É o Rei Henrique VI quem ordena: desespera e morre! *[Dirigindo-se a Richmond:]* Virtuoso e santo, seja você o vencedor. Henrique, o que profetizou que você seria Rei, vem reconfortar-lhe durante o sono. Viva e prospere!

[Sai.]

Entra o fantasma de Clarence.

FANTASMA DE CLARENCE *[dirigindo-se ao Rei Ricardo]* – Amanhã, deixa que eu me sente, pesado, em tua alma; eu, que fui afogado para morrer em vinho podre, o pobre Clarence, pela traição em pessoa fui traído e morto. Amanhã, durante a batalha, pensa em mim e deixa cair tua espada sem fio; desespera e morre. *[Dirigindo-se a Richmond:]* Filho da Casa de Lancaster: saiba que os herdeiros injustiçados de

York rezam por você. Que os anjos bons lhe guardem na sua batalha. Viva e prospere.

[Sai.]

Entram os fantasmas de Rivers, Grey e Vaughan.

FANTASMA DE RIVERS *[dirigindo-se ao Rei Ricardo]* – Amanhã, deixa que eu me sente, pesado, em tua alma; Rivers, que morreu em Pomfret. Desespera e morre.

FANTASMA DE GREY *[dirigindo-se ao Rei Ricardo]* – Pensa em Grey, e deixa a tua alma desesperar.

FANTASMA DE VAUGHAN *[dirigindo-se ao Rei Ricardo]* – Pensa em Vaughan e, com medo e culpa, deixa cair tua lança. Desespera e morre.

TODOS *[dirigindo-se a Richmond]* – Acorde, e pense que as injustiças contra nós cometidas agora se debatem no coração de Ricardo, prontas para derrotá-lo. Acorde, e ganhe o dia.

[Saem.]

Entra o fantasma de Hastings.

FANTASMA DE HASTINGS *[dirigindo-se ao Rei Ricardo]* – Sanguinário e culpado, acorda com culpa e, em batalha sangrenta, termina os teus dias. Pensa em Lorde Hastings; desespera e morre. *[Dirigindo-se a Richmond:]* Acorde tranquila, alma descansada. Acorde, arme-se, lute e vença, pelo bem da Inglaterra.

[Sai.]

Entram os fantasmas dos dois jovens Príncipes.

FANTASMAS *[dirigindo-se ao Rei Ricardo]* – Sonha com teus sobrinhos asfixiados na Torre. Deixa-nos ser chumbo dentro do teu peito, Ricardo; e afunda-te na ruína, na vergonha e na morte. As almas dos teus sobrinhos estão te pedindo: desespera e morre. *[Dirigindo-se a Richmond:]* Durma, Richmond, durma em paz, e acorde com alegria. Que os anjos bons lhe guardem contra o porco-bravo. Viva e gere uma bem-aventurada linhagem de reis. São os mal-aventurados filhos de Eduardo que estão lhe pedindo: prospere.

[Saem.]

Entra o fantasma de Lady Anne, esposa do Rei Ricardo.

FANTASMA DE ANNE *[dirigindo-se ao Rei Ricardo]* – Ricardo, tua esposa, aquela Anne desgraçada, tua esposa, que nunca dormiu uma única hora calma contigo, vem agora perturbar-te o sono. Amanhã, durante a batalha, pensa em mim e deixa cair tua espada sem fio; desespera e morre. *[Dirigindo-se a Richmond:]* Você, alma tranquila, tenha um sono tranquilo; sonhe com o sucesso e com a vitória. A esposa do seu adversário reza por você.

[Sai.]

Entra o fantasma de Buckingham.

FANTASMA DE BUCKINGHAM *[dirigindo-se ao Rei Ricardo]* – Fui o primeiro a te ajudar em teu caminho até a coroa, e o último a sentir tua tirania. Na batalha, pensa em Buckingham e morre no terror de tua culpa. Sonha, sonha com feitos sangrentos e morte; já desmaiando, desespera; ao desesperar, dá teu último suspiro. *[Dirigindo-se a Richmond:]* Morri com falsas esperanças, antes de poder lhe ajudar; mas alegre o seu coração e não desanime: Deus e os anjos bons lutam do lado de Richmond, e você deve deixar Ricardo cair desde a altura de toda a sua vaidade.

[Sai.]

[Ricardo acorda de um sonho, sobressaltado.]

REI RICARDO – Tragam-me outro cavalo! Fechem minhas feridas! Tende piedade, Jesus! ... Calma, era só um sonho. Ah, consciência covarde, como tu me afliges! As luzes estão azuladas;[61] e agora é meia-noite em ponto. Um suor gelado e pavoroso gruda-se na minha carne trêmula. Tenho medo do quê? De mim mesmo? Não tem mais ninguém aqui. É Ricardo gostando de Ricardo, isso sim: eu e eu também. Tem algum assassino aqui? Não. Sim, sou eu! Então fuja. Mas, o quê, de mim mesmo? É um bom motivo: para que eu não me vingue? Mas, o quê, vingar-me eu de mim mesmo? Ai de mim, eu me amo. Mas, por quê? Por algum ato de bondade que eu tenha ofertado a mim mesmo? Ah, não, ai de mim, eu me odeio pelos atos odiosos por mim cometidos. Sou um bandido... e, no entanto, estou mentindo; não sou, não! Idiota, tens de falar bem de ti mesmo! Idiota, não te lisonjeies. Minha consciência tem mil bocas, e cada boca conta uma história diferente, e cada história termina por me condenar como um criminoso. Perjúrio! Perjúrio no mais alto grau. Assassinato! Cruel assassinato, no pior grau. Todos os vários pecados, todos aplicados em diferentes graus, amontoam-se no tribunal, clamando todos:

---

61. Acreditava-se que a luz azulada era indicativa de presenças fantasmagóricas. (N.T.)

"Culpado, culpado!". Vou entrar em desespero. Não há criatura que me tenha amor, e, se eu morrer, não há viva alma que me tenha compaixão... E por que teriam, já que eu mesmo não encontro em mim nenhuma compaixão por mim mesmo? A mim me pareceu que as almas de todos aqueles que assassinei vieram até a minha tenda, e cada um deles ameaçou-me com vingança, amanhã, sobre a cabeça de Ricardo.

Entra Ratcliffe.

RATCLIFFE – Milorde!

REI RICARDO – Mas, que diabo...! Quem está aí?

RATCLIFFE – Ratcliffe, milorde; sou eu. O galo que mais madruga na vila já duas vezes saudou o dia. Seus amigos já estão de pé, afivelando suas armaduras.

REI RICARDO – Ah, Ratcliffe, tive um sonho pavoroso! O que você acha... nossos amigos hoje dão provas de lealdade?

RATCLIFFE – Sem dúvida, milorde.

REI RICARDO – Ah, Ratcliffe, tenho cá os meus receios!

RATCLIFFE – Não, meu bom lorde, não receie as sombras.

REI RICARDO – Pelo apóstolo Paulo, as sombras esta noite trouxeram mais terror à alma de Ricardo do que poderia a substância de dez mil soldados armados, testados, inatacáveis e liderados pelo inexperiente, insípido Richmond. Ainda é noite fechada; vamos, venha comigo. Perto de nossas tendas vou ficar escutando sem ser visto. Para ver se alguém pretende me abandonar.

[Saem Ricardo e Ratcliffe.]

Entram os lordes e vão até Richmond, sentado em sua barraca.

LORDES – Bom dia, Richmond.

RICHMOND – Perdoem-me, meus caros lordes e atentos cavalheiros; os senhores acabam de pegar desprevenido um preguiçoso atrasado.

PRIMEIRO LORDE – Dormiu bem, milorde?

RICHMOND – Dormi um sono doce e tive os sonhos mais promissores que já visitaram uma cabeça cansada, meus caros lordes, depois que vocês se foram. A mim me pareceu que as almas daqueles cujos corpos Ricardo assassinou vieram até minha tenda e invocaram minha vitória. Eu lhes juro, minha alma está contente demais com a lembrança de um sonho tão lindo. Já estamos a que horas da manhã, senhores?

PRIMEIRO LORDE – Perto das quatro.

RICHMOND – Ora, mas então é hora de vestir a armadura e dar as ordens.

[Sai da barraca.]

[O encerramento de seu discurso para os soldados:]

O que eu ainda teria para vos dizer, meus caros compatriotas, o tempo exíguo e premente me impede de fazê-lo. Entretanto, lembrai-vos do seguinte: Deus e a nossa boa causa estão do vosso lado nesta batalha. As orações de homens santos e de almas injustiçadas, como imenso baluarte, estarão marchando bem à frente dos senhores. Com a exceção de Ricardo, aqueles contra quem estaremos lutando preferem ver a nós vencedores do que o seu próprio líder. Afinal, quem é esse líder? Na verdade, cavalheiros, um tirano sanguinário e um homicida; criado a sangue e pelo sangue coroado; uma criatura que usa de todos os meios para chegar aonde quer e depois trucida os que lhe servem de meios para chegar lá; uma pedra imunda e sem valor transformada em pedra preciosa pelo engaste que é o trono da Inglaterra, onde ele está posto por circunstâncias falsas; aquele que sempre foi o inimigo de Deus. Portanto, se os senhores lutarem contra o inimigo de Deus, Deus, por ser justo, vos protegerá, pois vós sois os soldados Dele. Se os senhores suarem para derrotar um tirano, dormirão em paz, pois o tirano estará morto; se os senhores lutarem contra os antagonistas de vosso país, a riqueza de vosso país saberá recompensar-vos; se os senhores lutarem pela segurança de vossas mulheres, vossas mulheres receberão de braços abertos o vencedor que à casa volta; se os senhores libertarem da espada os vossos filhos, os filhos de vossos filhos saberão recompensar-vos em vossa velhice. Então, em nome de Deus e de todos esses benefícios a que os senhores têm direito, fazei avançar vossos estandartes, empunhai vossas espadas convictas! Quanto a mim, posso vir a pagar por esta minha investida audaz com o meu cadáver gelado sobre a face fria da terra; mas, se eu vencer, os ganhos desta minha campanha serão repartidos com todos e cada um dos senhores. Toquem os tambores, e os clarins, em alto e bom tom, com alegria! Por Deus, e por São Jorge! Por Richmond, e pela vitória!

[Saem Richmond e seus seguidores.]

Entram o Rei Ricardo, Ratcliffe e soldados.

Rei Ricardo – O que disse Northumberland no que se refere a Richmond?

Ratcliffe – Que ele não tem qualquer treinamento militar.

Rei Ricardo – Disse a verdade. E o que disse Surrey, então?

Ratcliffe – Sorriu e disse: "Melhor para nós".

Rei Ricardo – Estava em seu direito, e, deveras, é melhor, sim.

[O relógio bate as horas.]

Veja quantas batidas são. Alcance-me o almanaque... quem viu o sol hoje?

Ratcliffe – Eu não, milorde.

Rei Ricardo – Então ele se recusa a brilhar, pois, pelo que diz aqui, ele deveria ter se apresentado no Levante uma hora atrás. Este será um dia negro para alguém. Ratcliffe!

Ratcliffe – Sim, milorde?

Rei Ricardo – O sol hoje não vai aparecer! O céu franze o cenho e pesa sobre o nosso exército. Eu preferia que essas lágrimas orvalhadas viessem do chão. Não tem sol hoje? Ora, por que isso seria pior para mim do que para Richmond? Esse mesmo céu que me olha atravessado sobre ele lança um olhar sombrio.

Entra Norfolk.

Norfolk – Pegar em armas, milorde; pegar em armas! O inimigo ufana-se exultante no campo de batalha!

Rei Ricardo – Vamos, depressa, depressa! O caparazão no meu cavalo.

[Ricardo prepara-se para guerrear.]

Chame Lorde Stanley; peça-lhe que traga o seu exército. Levarei os meus soldados para campo aberto, e estas são as ordens para a batalha: minha vanguarda dispõe-se em linha reta, metade cavalaria, metade infantaria; nossos arqueiros posicionam-se no meio desta linha. John, Duque de Norfolk, e Thomas, Conde de Surrey, vão no comando desses homens a pé e a cavalo. No que eles estiverem marchando nessa disposição, nós os seguimos com o corpo de batalha, que terá de cada lado, como asas, a pujança de nossos melhores cavalos. E valha-nos São Jorge. O que você acha, Norfolk?

NORFOLK – É uma boa disposição das forças, meu guerreiro soberano.

[Alcança-lhe um papel.]

Encontrei isto em minha tenda hoje de manhã.

REI RICARDO *[lendo]* –

"Seu Joca de Norfolk, é hora de ser mais esperto.

Teu amo Ricardinho foi traído, e isso é certo."

Artimanhas do inimigo. Vamos, cavalheiros: cada homem em seu posto! Não vamos deixar a tagarelice dos nossos sonhos amedrontar nossas almas; consciência não passa de uma palavra que usam os covardes, criada em primeiro lugar para manter os fortes respeitados e temidos. Que nossos braços fortes sejam a nossa consciência, e nossas espadas, a nossa lei. Marchando! Unidos! Coragem! Vamos golpear com violência, a esmo, e no tumulto vamos juntos abrindo caminho... se não ao Paraíso, então sempre juntos de mãos dadas para o inferno!

[O encerramento de seu discurso para os soldados:]

O que posso dizer, mais do que já foi relatado? Pensem naqueles com quem vocês entrarão em combate: uma raça de vagabundos, patifes e desertores; uma escória de gente que nos chega da França e campônios calhordas sem eira nem beira, que o país deles, empanturrado, vomita para cá, e em busca eles vêm de aventuras sem futuro e destruição certa. Vocês dormindo em segurança, e eles trazem a intranquilidade; vocês cultivando suas terras e casados com belas mulheres, e eles querem lhes tirar uma e desonrar a outra. E quem os lidera se não um sujeito insignificante, por muito tempo residente em França às custas de nosso irmão? Um mulherzinha! Nunca na vida nem mesmo passou frio: vale menos que uma galocha. Vamos açoitar esses marinheiros ausentes de seus navios de volta para o mar; vamos enxotar a chibatadas esses franceses esfarrapados e arrogantes, esses mendigos famintos, cansados de suas vidas, e que, se não tivessem esse sonho de uma proeza descabida, já teriam os pobres ratos, por falta de recursos, se enforcado. Se é para sermos vencidos, que sejamos vencidos por homens! E não por esses franceses bastardos, a quem nossos pais derrotaram em solo francês,[62] a murros e bordoadas, e na história ficou registrado que são eles os herdeiros dessa vergonha. São esses que vão usufruir de nossas terras? Deitar com nossas esposas? Violentar nossas filhas?

---

62. Henrique V, famoso rei guerreiro, derrotou os franceses, estes em maior número, na batalha de Agincourt e casou-se com Catarina de Aragão, filha do rei francês Carlos VI, consolidando assim o domínio inglês em França. Contudo, Henrique VI (que aos nove meses de idade tornou-se rei – coroado em Londres aos sete anos e em Paris aos nove anos), avesso a guerras e questões administrativas, logo perdeu o direito inglês de governar o território francês que fora conquistado por seu pai. (N.T.)

[Soa o tambor ao longe.]

Escutem, estou ouvindo o tambor deles. Lutem, nobres cavalheiros da Inglaterra! Lutem, nobres soldados! Lancem, arqueiros, lancem suas setas mirando sempre a cabeça! Enfiem com vontade as esporas em suas altivas montarias, e cavalguem em sangue! Deixem pasmo o firmamento com as suas lanças quebradas![63]

Entra um mensageiro.

O que nos diz Lorde Stanley? Vai trazer seu exército?

Mensageiro – Milorde, ele se recusa a vir.

Rei Ricardo – A cabeça de seu filho George vai rolar!

Norfolk – Milorde, o inimigo já está do lado de cá do charco! Deixe George Stanley morrer depois da batalha.

Rei Ricardo – Mil corações batem, grandiosos, dentro do meu peito. Avante, porta-estandartes! Vamos para cima do inimigo! Que a nossa antiga palavra de encorajamento, "meu São Jorge", venha nos inspirar com a irritação de dragões ferozes! Em cima deles! A Vitória tomou assento em nossos elmos.

[Saem.]

CENA IV

Toque de atacar. Movimento de Soldados cruzando o palco. Entram Norfolk e Soldados; por outra porta, entra Catesby.

---

63. Na ferocidade do combate, era esperado que as hastes das lanças se quebrassem. (N.T.)

Catesby – Socorro! Meu bom lorde de Norfolk, preciso de ajuda! O Rei age com feitos por demais surpreendentes para um homem, e desafia o adversário a todo tipo de perigo. O cavalo está morto, e ele segue lutando a pé, procurando por Richmond ali na goela da morte. Socorro, meu bom lorde, senão o dia está perdido!

[Saem Norfolk e os soldados.]

Toques de atacar. Entra o Rei Ricardo.

Rei Ricardo – Um cavalo! Um cavalo! Meu reino por um cavalo!

Catesby – Recue, milorde; vou ajudá-lo a subir num cavalo.

Rei Ricardo – Escravo! Apostei minha vida em um lance, então aceito o que marcarem os dados. Acho que tem seis Richmonds no campo de batalha; cinco deles eu já matei hoje, em vez de ele mesmo. Um cavalo! Um cavalo! Meu reino por um cavalo!

[Saem.]

CENA V

Toque de atacar. Entram o Rei Ricardo e Richmond.

Lutam. Ricardo morre, e ouve-se o toque de retirada. Sai Richmond, e o corpo de Ricardo é levado embora, carregado. Fanfarra. Entram Richmond, Stanley (Conde de Derby), este trazendo a coroa, outros lordes e soldados.

Richmond – Louvado seja Deus, e louvados sejam os vossos braços fortes, meus vitoriosos amigos! Ganhamos o dia; o cão sanguinário está morto.

Stanley – Corajoso Richmond, o senhor desincumbiu-se muito bem de sua tarefa! *[Apresentando-lhe a coroa:]* Olhe aqui, esta coroa de há muito usurpada; arranquei-a da fronte morta daquele sanguinário desgraçado, para que passe a ornar a sua cabeça. Use-a com alegria e com ela cumpra grandes feitos.

Richmond – Meu bom Deus do Céu, dizei Amém a tudo isso! Mas, diga-me, está vivo o pequeno George Stanley?

Stanley – Está vivo, milorde, e a salvo, na cidade de Leicester, para onde, se o senhor nos der licença, gostaríamos de nos retirar agora mesmo.

Richmond – Dos dois lados, que homens ilustres perderam a vida?

Stanley – John, Duque de Norfolk; Walter, Lorde Ferrers; Sir Robert Brakenbury; e Sir William Brandon.

Richmond – Enterrem-lhes os corpos de modo condizente com o berço de cada um. Anunciem um indulto para os soldados que desertaram e que desejem, sob regime de submissão, voltar para nossas tropas. Depois, como prometido e sacramentado, uniremos a rosa branca e a rosa vermelha.[64] Iluminai com o vosso sorriso, ó Céus, esta bela conjunção que por muito tempo franziu o cenho sobre sua inimizade. Quem é o traidor que me ouve e não diz amém? A Inglaterra por muito tempo esteve ensandecida, infligindo ferimentos a si mesma: irmão às cegas derramando sangue de irmão; pai irrefletidamente assassinando o próprio filho; filho vendo-se

---

64. A Casa de York e a Casa de Lancaster, respectivamente. (N.T.)

obrigado a ser o assassino do genitor. Isso tudo dividiu York e Lancaster... divididos estavam, em calamitosa cisão. Mas, agora, deixem que Richmond e Elizabeth, os verdadeiros sucessores de cada Casa Real, unam-se em sagrado matrimônio por decreto divino. Que seus herdeiros... se for esta a Vossa vontade, meu Deus... possam enriquecer o tempo futuro com uma paz sem rusgas e tempos de fartura e dias de prosperidade. Tornai rombudas, Senhor de Bondade, as lâminas dos traidores que queiram retomar aqueles dias sangrentos e queiram fazer a pobre Inglaterra chorar em rios de sangue. Não deixeis viver, para que não testemunhem o crescimento desta terra, os traidores desejosos de ferir a paz deste lindo país. Agora estanca-se a grande ferida civil e faz--se renascer a paz; queira Deus que ela tenha vida longa entre nós. Amém.

FIM

SOBRE A TRADUTORA

BEATRIZ VIÉGAS-FARIA é tradutora formada pela Universidade Federal do Rio Grande do Sul (1986), com especialização em linguística aplicada ao ensino do inglês (UFRGS, 1991). Em 1999, concluiu mestrado na Pontifícia Universidade Católica do Rio Grande do Sul em linguística aplicada, com dissertação sobre tradução de implícitos em *Romeu e Julieta*, e, em 2004, doutorado com tese sobre tradução de implícitos em *Sonho de uma noite de verão*, na mesma instituição. Em 2003, realizou pesquisa em estudos da tradução e tradução teatral na University of Warwick, Inglaterra. É organizadora e professora da Oficina de Tradução Literária, curso de extensão da PUCRS. Começou a trabalhar com traduções de obras literárias em 1993, e desde 1997 dedica-se também a traduzir as peças de William Shakespeare. Em 2000, recebeu o Prêmio Açorianos de Literatura pela tradução de *Otelo*, e, em 2001, o Prêmio Açorianos de Literatura com a obra *Pampa pernambucano (poesia, imagens, e-mails)*.

Coleção L&PM POCKET (Lançamentos mais recentes)

1148. **O contrato social (Mangá)** – J.-J. Rousseau
1149. **Garfield fenomenal** – Jim Davis
1150. **A queda da América** – Allen Ginsberg
1151. **Música na noite & outros ensaios** – Aldous Huxley
1152. **Poesias inéditas & Poemas dramáticos** – Fernando Pessoa
1153. **Peanuts: Felicidade é...** – Charles M. Schulz
1154. **Mate-me por favor** – Legs McNeil e Gillian McCain
1155. **Assassinato no Expresso Oriente** – Agatha Christie
1156. **Um punhado de centeio** – Agatha Christie
1157. **A interpretação dos sonhos (Mangá)** – Freud
1158. **Peanuts: Você não entende o sentido da vida** – Charles M. Schulz
1159. **A dinastia Rothschild** – Herbert R. Lottman
1160. **A Mansão Hollow** – Agatha Christie
1161. **Nas montanhas da loucura** – H.P. Lovecraft
1162. (28).**Napoleão Bonaparte** – Pascale Fautrier
1163. **Um corpo na biblioteca** – Agatha Christie
1164. **Inovação** – Mark Dodgson e David Gann
1165. **O que toda mulher deve saber sobre os homens: a afetividade masculina** – Walter Riso
1166. **O amor está no ar** – Mauricio de Sousa
1167. **Testemunha de acusação & outras histórias** – Agatha Christie
1168. **Etiqueta de bolso** – Celia Ribeiro
1169. **Poesia reunida (volume 3)** – Affonso Romano de Sant'Anna
1170. **Emma** – Jane Austen
1171. **Que seja um segredo** – Ana Miranda
1172. **Garfield sem apetite** – Jim Davis
1173. **Garfield: Foi mal...** – Jim Davis
1174. **Os irmãos Karamázov (Mangá)** – Dostoiévski
1175. **O Pequeno Príncipe** – Antoine de Saint-Exupéry
1176. **Peanuts: Ninguém mais tem o espírito aventureiro** – Charles M. Schulz
1177. **Assim falou Zaratustra** – Nietzsche
1178. **Morte no Nilo** – Agatha Christie
1179. **Ê, soneca boa** – Mauricio de Sousa
1180. **Garfield a todo o vapor** – Jim Davis
1181. **Em busca do tempo perdido (Mangá)** – Proust
1182. **Cai o pano: o último caso de Poirot** – Agatha Christie
1183. **Livro para colorir e relaxar** – Livro 1
1184. **Para colorir sem parar**
1185. **Os elefantes não esquecem** – Agatha Christie
1186. **Teoria da relatividade** – Albert Einstein
1187. **Compêndio da psicanálise** – Freud
1188. **Visões de Gerard** – Jack Kerouac
1189. **Fim de verão** – Mohiro Kitoh
1190. **Procurando diversão** – Mauricio de Sousa
1191. **E não sobrou nenhum e outras peças** – Agatha Christie
1192. **Ansiedade** – Daniel Freeman & Jason Freeman
1193. **Garfield: pausa para o almoço** – Jim Davis
1194. **Contos do dia e da noite** – Guy de Maupassant
1195. **O melhor de Hagar 7** – Dik Browne
1196. (29).**Lou Andreas-Salomé** – Dorian Astor
1197. (30).**Pasolini** – René de Ceccatty
1198. **O caso do Hotel Bertram** – Agatha Christie
1199. **Crônicas de motel** – Sam Shepard
1200. **Pequena filosofia da paz interior** – Catherine Rambert
1201. **Os sertões** – Euclides da Cunha
1202. **Treze à mesa** – Agatha Christie
1203. **Bíblia** – John Riches
1204. **Anjos** – David Albert Jones
1205. **As tirinhas do Guri de Uruguaiana 1** – Jair Kobe
1206. **Entre aspas (vol.1)** – Fernando Eichenberg
1207. **Escrita** – Andrew Robinson
1208. **O spleen de Paris: pequenos poemas em prosa** – Charles Baudelaire
1209. **Satíricon** – Petrônio
1210. **O avarento** – Molière
1211. **Queimando na água, afogando-se na chama** – Bukowski
1212. **Miscelânea septuagenária: contos e poemas** – Bukowski
1213. **Que filosofar é aprender a morrer e outros ensaios** – Montaigne
1214. **Da amizade e outros ensaios** – Montaigne
1215. **O medo à espreita e outras histórias** – H.P. Lovecraft
1216. **A obra de arte na era de sua reprodutibilidade técnica** – Walter Benjamin
1217. **Sobre a liberdade** – John Stuart Mill
1218. **O segredo de Chimneys** – Agatha Christie
1219. **Morte na rua Hickory** – Agatha Christie
1220. **Ulisses (Mangá)** – James Joyce
1221. **Ateísmo** – Julian Baggini
1222. **Os melhores contos de Katherine Mansfield** – Katherine Mansfied
1223. (31).**Martin Luther King** – Alain Foix
1224. **Millôr Definitivo: uma antologia de *A Bíblia do Caos*** – Millôr Fernandes
1225. **O Clube das Terças-Feiras e outras histórias** – Agatha Christie
1226. **Por que sou tão sábio** – Nietzsche
1227. **Sobre a mentira** – Platão
1228. **Sobre a leitura *seguido do* Depoimento de Céleste Albaret** – Proust
1229. **O homem do terno marrom** – Agatha Christie
1230. (32).**Jimi Hendrix** – Franck Médioni
1231. **Amor e amizade e outras histórias** – Jane Austen
1232. **Lady Susan, Os Watson e Sanditon** – Jane Austen
1233. **Uma breve história da ciência** – William Bynum

1234. **Macunaíma: o herói sem nenhum caráter** – Mário de Andrade
1235. **A máquina do tempo** – H.G. Wells
1236. **O homem invisível** – H.G. Wells
1237. **Os 36 estratagemas: manual secreto da arte da guerra** – Anônimo
1238. **A mina de ouro e outras histórias** – Agatha Christie
1239. **Pic** – Jack Kerouac
1240. **O habitante da escuridão e outros contos** – H.P. Lovecraft
1241. **O chamado de Cthulhu e outros contos** – H.P. Lovecraft
1242. **O melhor de Meu reino por um cavalo!** – Edição de Ivan Pinheiro Machado
1243. **A guerra dos mundos** – H.G. Wells
1244. **O caso da criada perfeita e outras histórias** – Agatha Christie
1245. **Morte por afogamento e outras histórias** – Agatha Christie
1246. **Assassinato no Comitê Central** – Manuel Vázquez Montalbán
1247. **O papai é pop** – Marcos Piangers
1248. **O papai é pop 2** – Marcos Piangers
1249. **A mamãe é rock** – Ana Cardoso
1250. **Paris boêmia** – Dan Franck
1251. **Paris libertária** – Dan Franck
1252. **Paris ocupada** – Dan Franck
1253. **Uma anedota infame** – Dostoiévski
1254. **O último dia de um condenado** – Victor Hugo
1255. **Nem só de caviar vive o homem** – J.M. Simmel
1256. **Amanhã é outro dia** – J.M. Simmel
1257. **Mulherzinhas** – Louisa May Alcott
1258. **Reforma Protestante** – Peter Marshall
1259. **História econômica global** – Robert C. Allen
1260. (33). **Che Guevara** – Alain Foix
1261. **Câncer** – Nicholas James
1262. **Akhenaton** – Agatha Christie
1263. **Aforismos para a sabedoria de vida** – Arthur Schopenhauer
1264. **Uma história do mundo** – David Coimbra
1265. **Ame e não sofra** – Walter Riso
1266. **Desapegue-se!** – Walter Riso
1267. **Os Sousa: Uma família do barulho** – Mauricio de Sousa
1268. **Nico Demo: O rei da travessura** – Mauricio de Sousa
1269. **Testemunha de acusação e outras peças** – Agatha Christie
1270. (34). **Dostoiévski** – Virgil Tanase
1271. **O melhor de Hagar 8** – Dik Browne
1272. **O melhor de Hagar 9** – Dik Browne
1273. **O melhor de Hagar 10** – Dik e Chris Browne
1274. **Considerações sobre o governo representativo** – John Stuart Mill
1275. **O homem Moisés e a religião monoteísta** – Freud
1276. **Inibição, sintoma e medo** – Freud
1277. **Além do princípio de prazer** – Freud
1278. **O direito de dizer não!** – Walter Riso
1279. **A arte de ser flexível** – Walter Riso
1280. **Casados e descasados** – August Strindberg
1281. **Da Terra à Lua** – Júlio Verne
1282. **Minhas galerias e meus pintores** – Kahnweiler
1283. **A arte do romance** – Virginia Woolf
1284. **Teatro completo v. 1: As aves da noite** *seguido de* **O visitante** – Hilda Hilst
1285. **Teatro completo v. 2: O verdugo** *seguido de* **A morte do patriarca** – Hilda Hilst
1286. **Teatro completo v. 3: O rato no muro** *seguido de* **Auto da barca de Camiri** – Hilda Hilst
1287. **Teatro completo v. 4: A empresa** *seguido de* **O novo sistema** – Hilda Hilst
1288. **Sapiens: Uma breve história da humanidade** – Yuval Noah Harari
1289. **Fora de mim** – Martha Medeiros
1290. **Divã** – Martha Medeiros
1291. **Sobre a genealogia da moral: um escrito polêmico** – Nietzsche
1292. **A consciência de Zeno** – Italo Svevo
1293. **Células-tronco** – Jonathan Slack
1294. **O fim do ciúme e outros contos** – Proust
1295. **A jangada** – Júlio Verne
1296. **A ilha do dr. Moreau** – H.G. Wells
1297. **Ninho de fidalgos** – Ivan Turguêniev
1298. **Jane Eyre** – Charlotte Brontë
1299. **Sobre gatos** – Bukowski
1300. **Sobre o amor** – Bukowski
1301. **Escrever para não enlouquecer** – Bukowski
1302. **222 receitas** – J. A. Pinheiro Machado
1303. **Reinações de Narizinho** – Monteiro Lobato
1304. **O Saci** – Monteiro Lobato
1305. **Memórias da Emília** – Monteiro Lobato
1306. **O Picapau Amarelo** – Monteiro Lobato
1307. **A reforma da Natureza** – Monteiro Lobato
1308. **Fábulas** *seguido de* **Histórias diversas** – Monteiro Lobato
1309. **Aventuras de Hans Staden** – Monteiro Lobato
1310. **Peter Pan** – Monteiro Lobato
1311. **Dom Quixote das crianças** – Monteiro Lobato
1312. **O Minotauro** – Monteiro Lobato
1313. **Um quarto só seu** – Virginia Woolf
1314. **Sonetos** – Shakespeare
1315. (35). **Thoreau** – Marie Berthoumieu e Laura El Makki
1316. **Teoria da arte** – Cynthia Freeland
1317. **A arte da prudência** – Baltasar Gracián
1318. **O louco** *seguido de* **Areia e espuma** – Khalil Gibran
1319. **O profeta** *seguido de* **O jardim do profeta** – Khalil Gibran
1320. **Jesus, o Filho do Homem** – Khalil Gibran
1321. **A luta** – Norman Mailer
1322. **Sobre o sofrimento do mundo e outros ensaios** – Schopenhauer
1323. **Epidemiologia** – Rodolfo Saracci
1324. **Japão moderno** – Christopher Goto-Jones
1325. **A arte da meditação** – Matthieu Ricard
1326. **O adversário secreto** – Agatha Christie
1327. **Pollyanna** – Eleanor H. Porter

lepmeditores
www.lpm.com.br
o site que conta tudo

IMPRESSÃO:

PALLOTTI
GRÁFICA

Santa Maria - RS | Fone: (55) 3220.4500
www.graficapallotti.com.br